ÍNDICE DE CONTI

Introducción

Con Windows 8, Microsoft ha dado un salto de calidad notable, solamente comparable con la aparición en su día del Windows 3.0 y 95. Windows 8 trae muchas novedades y características que nos va a hacer cambiar nuestra manera de trabajar con nuestros equipos informáticos.

Con una interfaz totalmente renovada, Windows 8 hace un claro guiño hacia los sistemas táctiles, muy de moda hoy en día gracias a la telefonía móvil, sobretodo, gracias a la telefonía que incorpora los Sistemas Operativos Windows Phone, Android e IOS de Apple.

Metro es un nuevo paradigma de interfaz de usuario que está diseñado para nuevos conceptos de tecnología táctil para los nuevos dispositivos. La interfaz metro puede ser usada en un PC convencional con el ratón, pero la riqueza de la interfaz metro se logra utilizando un dispositivo táctil (notebooks, tablets, etc.)

La pantalla de inicio usa una interfaz estilo Metro y una sus principales características es que se centra en el contenido de las aplicaciones, confiando más en la tipografía y menos en gráficos. El entorno de Metro incluye una nueva pantalla basada en azulejos, de igual manera que el sistema operativo Windows Phone. Cada azulejo representa una aplicación, y puede mostrar información relevante tal como el número de mensajes no leídos en una aplicación de correo electrónico o la temperatura actual en una aplicación del tiempo meteorológico. Estas aplicaciones se ejecutan en pantalla completa o en los modos de lado a lado, y son capaces de compartir información entre sí mediante "contratos". Estas aplicaciones sólo estarán disponibles a través de la Windows Store. Las aplicaciones estilo metro se desarrollan con la nueva plataforma Windows Runtime que utiliza varios lenguajes de programación, como C + +, Visual Basic, C # y HTML con CSS y Javascript.

Como este nuevo estándar de interfaz desarrollado por Microsoft, pronto se van a ver aplicaciones muy similares, e incluso podrá ver como se ejecutan en todas las plataformas de Microsoft como Xbox, Windows Phone y Windows 8.

A nivel de desarrollo, lo novedoso del estilo Metro es que incorpora un nuevo conjunto de APIs para poder desarrollar aplicaciones en varios lenguajes de programación tales como HTML5, CSS, JavaScript, XAML, C# o incluso C/C++ y Visual Basic. Si usted ya ha programado en estos lenguajes de programación, podrá adaptarse sin dificultad ninguna al nuevo estilo Metro.

A continuación se muestra una imagen del menú "Inicio" nuevo

Durante la presentación del nuevo sistema Windows 8, Microsoft introdujo el nuevo paradigma para el desarrollo de aplicaciones para Windows:

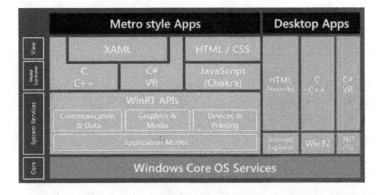

La gran noticia es que ahora la construcción de aplicaciones para Windows 8 tiene 2 opciones:

- **XAML + (C / C + + o C # / VB.Net)**
- **HTML / CSS + (Javascript)**

Sí, ahora podemos usar **HTML**, **CSS** y **Javascript** para desarrollar aplicaciones para Windows en sí.

Ambas tecnologías utilizan las ventajas de un nuevo runtime llamado **WinRT** o biblioteca de Windows Runtime.

Interfaz de usuario de programación

Cuando se trata de la selección de interfaz de usuario, puede utilizar HTML con CSS para el diseño de su aplicación o puede utilizar la interfaz de usuario XAML.

Para que las aplicaciones HTML se adheriran al estilo Metro UI y a su modelo de interacción, Microsoft distribuye los archivos JavaScript y CSS que pueden consumir en su proyecto. Tenga en cuenta que esto no funcionará en la red pública. Tan pronto como usted utilice alguna API WinRT, su aplicación es una aplicación de Windows, y no funcionarán en un navegador web independiente.

Los desarrolladores de .NET y C++ utilizaran XAML en lugar de HTML y CSS.

En estos momentos HTML y CSS se limita a la utilización Javascript.

Microsoft ha creado una biblioteca fresca con nueva interfaz de usuario llamada WinRT y han hecho que sea fácil de consumir. NET, Javascript y C++ y si de que se adhieren a sus directrices, ya que las aplicaciones se publicarán en la Windows Store.

El WinRT funciona básicamente igual al Framework de .Net, aunque ambos continúan existiendo, la WinRT ofrece una gama de servicios para situaciones comunes de desarrollo como el acceso al sistema de archivos, periféricos, redes, internet, etc.

WinRT

WinRT es un nuevo modelo de programación de Microsoft, que forma el núcleo de las aplicaciones estilo Metro. Las aplicaciones desarrolladas con WinRT tinen un almacenamiento aislado, ya son instaladas en un directorio único y exige el permiso del usuario para acceder al sistema de archivos, logrando así un aislamiento más seguro para prevenir que se puedan ejecutar aplicaciones de estilo Metro con código malicioso.

WinRT es el nuevo Runtime conectado de manera nativa con los servicios del Kelnel del sistema operativo, WinRT es el equivalente a la API Win32. Este nuevo Runtime permite a los desarrolladores de aplicaciones estilo metro, desarrollar sus aplicaciones en una gran cantidad de lenguajes de programación como HTML, CSS, Javascript, C++, C# y VB.NET.

El modelo de las APIs de WinRT se dividen en tres cajas de recursos: Comunicación y datos, Gráficos y media y Dispositivos e Impresión. A su vez, WinRT cuenta con dos capas: la capa de presentación y la capa de programación. La capa de presentación será desarrollada en XAML, HTML y CSS. Mientras que la capa de programación será desarrollada en C#, VB.NET y Javascript.

El nuevo conjunto de APIs tienen las siguientes propiedades:

Son la base del nuevo aspecto estilo metro de Windows 8.

Tiene un modelo de interfaz de usuario de programación sencillo para los desarrolladores de Windows.

Expone el modelo de interfaz de usuario de WPF / Silverlight XAML para los desarrolladores.

Las APIs están diseñadas para ser asíncronas.

Las definiciones de API se expone en el formato de metadatos ECMA 335 que es el mismo que usa. NET, se pueden encontrar los archivos .Winmd.

Proyecciones WinRT

Lo que llamábamos "consolidaciones", Microsoft ahora lo llama "proyecciones". Las proyecciones son el proceso de exponer las API de tres entornos: Nativo (C y C + +), HTML / Javascript y .NET.

Si edita un componente en C + + o en. NET, su API se almacenarán en un archivo WinMD y usted será capaz de usar ese componente en los tres entornos (nativo, JavaScript y .NET).

Para apoyar las diversas construcciones de WinRT, la plataforma subyacente define un conjunto básico de tipos y sus correlaciones con los diferentes entornos. En particular, los objetos de colección en WinRT se asignan a las construcciones que son nativas de cada entorno.

API asíncrona

Con WinRT, Microsoft ha seguido una regla simple: si una API necesita más de 50 milisegundos para ejecutarse, la API es asíncrona.

La idea es asegurar que todas las aplicaciones de estilo Metro estean diseñadas para responder siempre a la entrada del usuario y que pase el menor tiempo de espera posible, que no se bloquee la aplicación o de que no se consiga una buena una experiencia para el usuario.

La programación asíncrona ha sido históricamente un proceso muy engorroso con devoluciones de llamada y de estado que deben de ir en cascada a través de docenas de lugares y con un total control de errores se rocía a través de múltiples capas de código. Para simplificar este proceso, C # y VB se han ampliado para apoyar la F #, convirtiendo la programación asincrónica en una tarea más sencilla.

La nueva visión de WinRT incluye sistemas de seguridad y la programación asíncrona. Es por eso que las aplicaciones estilo metro no tienen acceso directo al sistema de archivos o acceso al socket y por qué las API síncronas que igual estabas acostumbrado a consumir no están expuestas.

Lo que hicieron fue que sólo se expone al compilador de un conjunto de API cuando el destino es el perfil de Metro. Por lo que su aplicación no llamará, por ejemplo a File.Create accidentalmente. En tiempo de ejecución, sin embargo, el CLR carga la biblioteca de clase completa, la misma que contiene File.Create, por lo que internamente, el CLR podría llamar algo así como File.Create, sólo que usted no tendrá acceso a ella.

Si usted intenta realizar una aplicación estilo metro con algún tipo de código malicioso, que intente accesos no autorizados o ejecutar funciones que implique algún posible riesgo en la seguridad del sistema operativo, es casi totalmente probable que su aplicación no tenga pueda ser publicada, porque existe un último filtro de seguridad que es la WindowsStore, que es quien validará su aplicación para su posterior publicación, es decir, que usted tendría que distribuir su aplicación por otro medio que no sea la Tienda de Windows.

Creación de componentes WinRT

Microsoft hizo una demostración de la creación de nuevos componentes WinRT tanto en C + + y .NET.

En el caso de. NET, la creación de un componente WinRT ha sido drásticamente simplificado. Veamos el código fuente completo para un componente que agrega 2:

public sealed class AddTwo {

Add public int (int a, int b)

```
            {

        return a + b;

    }

    public async IAsyncOperation SubAsync (int a, int b)

        {

            return a - await (CountEveryBitByHand
(b));

        }

    }
```

Verá que no hay declaraciones COM de ningún tipo. La única restricción es que la clase debe ser sealed (a menos que se cree un componente de interfaz de usuario XAML, en ese caso, la restricción se lifted).

También hay algunas limitaciones, no se pueden tener campos privados en las estructuras, y no existe la tarea <T> para las APIs asíncronas, en lugar se utiliza la interfaz IAsyncOperation. Hay que aclarar, que la norma que no permiete campos privados sólo se limita a las estructuras expuestas a WinRT, y no se aplica a las clases.

La API de WinRT

Sería imposible explicar todas las APIs de WinRT en este libro, pero a continuación le mostraremos la lista de APIs de WinRT, para ver más información sobre cada una de ellas consulte la web de Microsoft:

http://msdn.microsoft.com/es-es/library/windows/apps/br211377.aspx, donde podrá consultar sus clases, enumeraciones, interfaz y estructura de cada una de ellas:

Principal

Windows.ApplicationModel

Windows.ApplicationModel.Activation

Windows.ApplicationModel.Background

Windows.ApplicationModel.Core

Windows.ApplicationModel.Resources

Windows.ApplicationModel.Resources.Core

Windows.ApplicationModel.Resources.Management

Windows.ApplicationModel.Search

Windows.ApplicationModel.Store

Windows.Foundation

Windows.Foundation.Collections

Windows.Foundation.Diagnostics

Windows.Foundation.Metadata

Windows.Management.Core

Windows.Management.Deployment

Windows.System

Windows.System.Display

Windows.System.Profile

Windows.System.RemoteDesktop

Windows.System.Threading

Windows.System.Threading.Core

Windows.System.UserProfile

Windows.UI.WebUI

Windows.UI.Xaml

Windows.UI.Xaml.Hosting

Windows.UI.Xaml.Interop

Windows.UI.Xaml.Markup

Windows.UI.Xaml.Resources

WinJS

WinJS.Application

WinJS.Resources

Controles

Windows.Storage.Pickers

Windows.UI.Xaml.Controls

Windows.UI.Xaml.Controls.Primitives

WinJS.UI

Datos y contenido

Windows.ApplicationModel.DataTransfer

Windows.ApplicationModel.DataTransfer.ShareTarget

Windows.Data.Html

Windows.Data.Json

Windows.Data.Xml.Dom

Windows.Data.Xml.Xsl

Windows.Web

Windows.Web.AtomPub

Windows.Web.Syndication

Windows.UI.Xaml.Data

Windows.UI.Xaml.Documents

WinJS.Binding

Dispositivos

Windows.Devices.Enumeration

Windows.Devices.Enumeration.Pnp

Windows.Devices.Geolocation

Windows.Devices.Input

Windows.Devices.Portable

Windows.Devices.Printers.Extensions

Windows.Devices.Sensors

Windows.Devices.Sms

Archivos y carpetas

Windows.Storage

Windows.Storage.AccessCache

Windows.Storage.BulkAccess

Windows.Storage.Compression

Windows.Storage.FileProperties

Windows.Storage.Pickers

Windows.Storage.Pickers.Provider

Windows.Storage.Provider

Windows.Storage.Search

Windows.Storage.Streams

Globalización

Windows.Globalization

Windows.Globalization.Collation

Windows.Globalization.DateTimeFormatting

Windows.Globalization.Fonts

Windows.Globalization.NumberFormatting

Gráficos

Windows.Graphics.Display

Windows.Graphics.Imaging

Windows.UI.Xaml.Media

Windows.UI.Xaml.Media.Animation

Windows.UI.Xaml.Media.Imaging

Windows.UI.Xaml.Shapes

Aplicaciones auxiliares

WinJS.Class

WinJS.Namespace

WinJS.Utilities

Medios

Windows.Media

Windows.Media.Capture

Windows.Media.Devices

Windows.Media.MediaProperties

Windows.Media.Playlists

Windows.Media.PlayTo

Windows.Media.Protection

Windows.Media.Transcoding

Windows.UI.Xaml.Media

Conexión de red

Windows.Networking

Windows.Networking.BackgroundTransfer

Windows.Networking.Connectivity

Windows.Networking.NetworkOperators

Windows.Networking.Proximity

Windows.Networking.PushNotifications

Windows.Networking.Sockets

Impresión

Windows.Graphics.Printing

Windows.Graphics.Printing.OptionDetails

Windows.UI.Xaml.Printing

Presentación

Windows.UI

Windows.UI.ApplicationSettings

Windows.UI.Core

Windows.UI.Core.AnimationMetrics

Windows.UI.Notifications

Windows.UI.Popups

Windows.UI.StartScreen

Windows.UI.Text

Windows.UI.ViewManagement

Windows.UI.Xaml

Windows.UI.Xaml.Controls

Windows.UI.Xaml.Controls.Primitives

Windows.UI.Xaml.Documents

Windows.UI.Xaml.Media.Animation

Windows.UI.Xaml.Media.Media3D

Windows.UI.Xaml.Navigation

WinJS.Navigation

WinJS.UI

WinJS.UI.Animation

WinJS.UI.Fragments

WinJS.UI.Pages

Seguridad

Windows.Security.Authentication.OnlineId

Windows.Security.Authentication.Web

Windows.Security.Credentials

Windows.Security.Credentials.UI

Windows.Security.Cryptography

Windows.Security.Cryptography.Certificates

Windows.Security.Cryptography.Core

Windows.Security.Cryptography.DataProtection

Windows.Security.ExchangeActiveSyncProvisioning

Social

Windows.ApplicationModel.Contacts

Windows.ApplicationModel.Contacts.Provider

Automatización de interfaz de usuario

Windows.UI.Xaml.Automation

Windows.UI.Xaml.Automation.Peers

Windows.UI.Xaml.Automation.Provider

Windows.UI.Xaml.Automation.Text

Interacción del usuario

Windows.UI.Input

Windows.UI.Input.Inking

Windows.UI.Xaml.Input

Contractos y Extensiones

Las aplicaciones Estilo Metro usan contratos para declarar las interacciones que serán soportadas con otras aplicaciones. Estas aplicaciones deberán incluir las declaraciones necesarias en el paquete manifest, y llamar a los requerimientos del Windows Runtime APIs para comunicarse con Windows y los demás participantes de los contratos.

Un contrato es como un acuerdo entre una o más aplicaciones. Los contratos definen los requerimientos necesarios que las aplicaciones deberán tener para participar en estas únicas interacciones de Windows.

Los **contratos** de Windows 8 son:

App to App Picking;

Cached File Updater;

Play To;

Search To;

Settings;

Share.

App to App Picking

Con este contrato usted podrá gestionar archivos de/con otras aplicaciones.

Cuando una aplicación le solicita a la interfaz una imagen, el sistema abre un File Picker, que en lugar de abrir una lista de directorios en una carpeta, lo que va a abrir es una aplicación que relaciona el contenido de otras aplicaciones.

Así, si su aplicación quiere guardar una imagen, el sistema le da otro File Picker para que puedas seleccionar la apliación que guardará la imagen. Con ello se logra el intercambio de información entre aplicaciones sin necesidad de instalar varios clientes, como de redes sociales, de correo electrónico, etc… de esta manera, podrá disponer y guardar los archivos de sus aplicaciones directamente

Cached File Updater

Según el MSDN, con este contrato se puede proveer actualizaciones de ficheros particulares para ayudar a los usuarios que desean usar sus aplicaciones como un repositorio central de seguimiento y mantenimiento de archivos. Un ejemplo de aplicación que usa este contrato es Microsoft SkyDrive.

Como Windows 8 provee una experiencia conectada, donde varias aplicaciones pueden comunicarse entre si, tenemos que diferenciar entre el contenido local y el contenido en remoto o en la nube.

Como muchas veces nos resulta imposible estar continuamente conectados a la red, debido a muchas razones, como volar en avión, pasar por un túnel, estar en un lugar remoto, etc..las aplicaciones que implementan este contrato pueden mantener una especie de cache del contenido online guardado localmente.

Play To

Con este contrato podremos conseguir que nuestra aplicación reproduzca elementos multimedia, tales como vídeo, audio, presentaciones multimedia, etc…

Search To

Con la implementación de este contrato le daremos al usuario de nuestra aplicación la opción de que, cada vez que realice que realice una búsqueda en la barra charms, pueda seleccionar nuestra aplicación, de igual manera que el outlook, Internet Explorer, etc…

Settings

Con este contrato lo que se pretende es que usted no tenga que implementar un panel de configuración nuevo en su aplicación, sino que simplemente implemente un contrato para la configuración.

Si un usuario quiere añadir su cuentas de mail en la aplicación de email, ejecutaría ese charm, y si quiere añadir sus cuentas de Facebook en su cliente Facebook, ejecutaría ese charm.

Para ello, implementando este contrato, si su aplicación necesitase algún tipo de configuración, los usuarios podrían llegar a la configuración de su aplicación por medio de la barra charms.

Share

Este contrato sirve para poder compartir archivos e información de su aplicación.

Extensiones

Según el MSDN una extensión es como un acuerdo entre una aplicación y Windows. Las extensiones nos permiten a los programadores extender o modificar algunas características de Windows para usarlas en nuestras aplicaciones.

La diferencia entre los contratos y las extensiones básicamente es que las extensiones hacen una interfaz directa con Windows, es decir, complementan las funciones de Windows. En cambio, los contratos están más orientados hacia la integración de las aplicaciones con Windows para mejorar la experiencia del usuario.

Veamos algunas extensiones:

Account picture provider;

AutoPlay;

Background tasks;

Camera settings;

Print task settings;

Contact picker;

Game explorer;

SSL/certificates.

Account picture provider

Es una extensión con la que Windows le permite al usuario cambiar la foto de su perfil, por la foto de su aplicación.

AutoPlay

Es una extensión que proporciona al programador que su aplicación sea relacionada con el evento AutoPlay, que es un evento que se ejecuta cada vez que el usuario conecta un dispositivo a su equipo.

Background tasks

Es una extensión por la cual podremos ejecutar procesos en segundo plano.

Camera settings

Es una extensión para las aplicaciones que utilicen la cámara y necesitan hacer ajustes en el funcionamiento del dispositivo durante el proceso de grabación.

Print Task

Es una extensión para las aplicaciones que utilicen impresoras y necesitan hacer ajustes en el funcionamiento o configuración del dispositivo antes o durante el proceso de impresión.

Contact Picker

Windows 8 ha realizado un gran esfuerzo en facilitarnos la gestión de nuestros contactos. Con esta extensión podremos hacer que nuestra aplicación sea considerada cuando un contacto fuera necesario por otra aplicación de contactos, como correo electrónico, Facebook, LinkedIn, etc…

Game explorer

Es una extensión para aquellas aplicaciones que se quieran integrar con el control parental de Windows.

SSL/Certificates

Es una extensión que registra un certificado a la aplicación.

Con esto podemos comprobar que con Windows 8 se incorporan nuevas características de desarrollo, con las que podremos realizar aplicaciones muy gratificantes para los usuarios, integrando nuestro software con el sistema operativo, con lo que el usuario conseguirá una experiencia más fluida.

Ciclo de Vida

Cuando un usuario descarga una aplicación de la Windows Store, lo que está descargando es un paquete con extensión .appx. Los paquetes contienen los archivos propios de la aplicación y un manifiesto. El manifiesto cobra importancia, debido a que es el archivo que describe la aplicación y, además, es el archivo que usa Windows para instalar y desinstalar las aplicaciones de la Windows Store, entre otras funciones.

A Continuación vamos a hacer un breve repaso a los distintos tipos de estados del ciclo de vida de una aplicación.

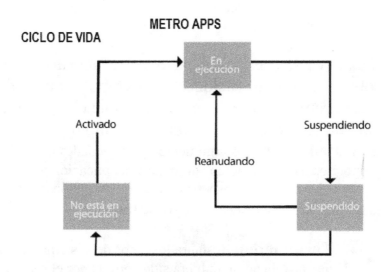

Inicio de la aplicación

Al iniciar una aplicación, lo primero que vemos es la pantalla de bienvenida de la aplicación. Las aplicaciones se inician cuando un usuario las activa. Mientras se muestra la pantalla de bienvenida, la aplicación comienza a ejecutar todas las funciones necesarias para poder mostrarse correctamente al usuario. Cuando una aplicación termina el inicio y ya está activada, entra en estado **Running** y se cerrara la pantalla de bienvenida.

Activación de la aplicación

Para activar una aplicación el usuario deberá hacerlo mediante los numerosos contratos y extensiones que existen. Para poder activar una aplicación, esta deberá registrarse para poder recibir el evento **Activated**.

Un controlador de eventos supervisará si se ha activado o no la aplicación, porqué se ha activado y si está en estado **Running** o **NotRunning**.

La activación de las aplicaciones nos da varias ventajas sobre nuestras aplicaciones, tales como restaurar datos que hayamos guardado, en caso de que el equipo hubiera entrado en modo suspensión, por ejemplo. El evento **activated** tiene varios argumentos y propiedades que nos proporcionará información sobre nuestra aplicación una vez iniciada después de la suspensión o cierre de sesión, tales como (en la propiedad **PreviousExecutionState**:

- **Terminated**: Restaura los datos del sistema después de que la aplicación hubiera sido cerrada por el sistema debido a algún tipo de errore.
- **ClosedByUser**: Inicia la aplicación con los datos que tiene por defecto. Se usa cuando el usuario cierra la aplicación de manera voluntaria.
- **NotRunning**: Inicia la aplicación con los datos por defecto cuando la aplicación hubiera sido cerrada de una manera inesperada de debido a algún tipo de error.

Suspensión de aplicaciones

Cuando un usuario cambia a otra aplicación, cuando Windows entra en modo de bajo consumo, o cuando el usuario interviene voluntariamente, la aplicación entra en estado de suspensión. En el caso de que un usuario cambie a otra aplicación, el sistema espera unos pocos segundos (10 segundos aproximadamente) para comprobar si el usuario regresará a la aplicación de una manera inmediata o no, en caso de que el usuario no regrese a la aplicación pasados esos segundos, Windows suspenderá la aplicación.

Para que una aplicación entre en el estado de suspensión deberá registrar un controlador de eventos para el evento **Suspending,** y se llamará a este evento justo antes de que la aplicación entre en estado de suspensión. Hay una API de datos de aplicación que nos ayuda a la hora de configurar el controlador de eventos, ya que con el podremos guardar los datos de la aplicación, así como los datos relevantes de un usuario en un almacenamiento persistente, para mantener a salvo los datos una vez se suspende la aplicación.

Windows 8 soportará todas las aplicaciones que pueda en estado de suspensión en su memoria, con ello se consigue que los usuarios puedan cambiar de una aplicación a otra de una manera más rápida y segura entre las aplicaciones que están suspendidas.

Visibilidad para las aplicaciones

Cuando un usuario cambia a otra aplicación, la aplicación se mantiene en estado de ejecución hasta que Windows detecta que no va a ser usada inmediatamente y la pone en estado de suspensión. Usted puede controlar la visibilidad de su aplicación en los estados de ejecución y suspensión mediante el evento **VisibilityChanged**.

Reanudación de una aplicación

Cuando un usuario vuelve a una aplicación que está en estado de suspensión, esta pasa al estado de reanudación. Al reanudarse la aplicación, esta pasa a estado **Running** y carga los datos necesarios para volver al estado en el que estaba antes de la suspensión. Para manejar la reanudación de una aplicación deberá registrar un controlador de eventos para el evento **Resuming**, se llamará a este controlador de eventos cuando la aplicación pase del estado de **Suspended** a reanudación. Si una aplicación que participa en un contrato o extensión está suspendida, recibirá primero el evento **Resuming** y luego el evento **Activated** para poder participar en los contratos o extensiones con las distintas aplicaciones o con Windows.

Cierre de la aplicación

Windows 8 no incorpora un evento o acción que nos indique si se ha cerrado una aplicación. Cuando un usuario cierra una aplicación, está se suspende, luego se finaliza y pasa al estado **NotRunnig** durante unos segundos. Si se ha programado un controlador de eventos para el evento **Suspending**, se le llamará cuando la aplicación se suspenda. Este mismo controlador puede usarlo para guardar los datos de la aplicación y los datos de relevancia del usuario.

Las aplicaciones deberán de ser cerradas por el propio Windows, ya que no se recomienda programar el cierre de la aplicación, a no ser que sea vital, ya que muchas veces, cuando una aplicación es cerrada mediante programación, Windows pone a esa aplicación en estado de Bloqueo.

Bloqueo de la aplicación

El bloqueo de la aplicación se produce cuando volvemos a la pantalla de inicio. Windows 8 ha sido pensado para que los usuarios puedan dejar y retomar aplicaciones de una manera más rápida y cómoda para el usuario, con lo cual se desaconseja programar ningún tipo de notificación o cuadro de diálogo cuando usuario intenta volver a la pantalla de inicio, ya que esto provocaría un retraso.

Si el usuario decide activar la aplicación después de un bloqueo, el controlador de eventos de la activación de la aplicación recibirá el valor **ApplicationExecutionState** del **NotRunning**, mostrando solamente la interfaz y los datos iniciales de la aplicación.

Eliminación de la aplicación

Al eliminar una aplicación, esta se elimina complemente con todos sus datos instalados localmente. Pero la eliminación de una aplicación no tiene ningún efecto sobre los datos del usuario.

Desarrollo de Aplicaciones Estilo Metro con HTML, CSS y JavaScript

Contenido de una aplicación básica

Vamos a ver cual es el contenido básico de una aplicación desarrollado con HTML5, CSS y JavaScript usando Microsoft Visual Studio Express 2012 en Windows 8. Cuando creamos un proyecto vacío, MS Studio Express 2012 crea por defecto los siguientes archivos:

- ## default.html

Esta es la página de inicio de nuestra aplicación. Este archivo contiene referencias a default.js, archivos y hojas de estilo, tanto las de la propia aplicación, en su archivo default.css como a las hojas de estilo para JavaScript de la biblioteca de Windows. Esta parte será desarrollada en HTML.

- ## /js/default.js

En este archivo definimos las funciones que nuestra aplicación realizará cuando se inicie. Es el encargado de controlar el ciclo de vida de la aplicación. Esta parte será desarrollada en JavaScript.

- ## /css/default.css

Son las hojas de estilo de la aplicación. Es un archivo muy importante a la hora de diseñar la aplicación, aquí podrás modificar los estilos de la biblioteca de Windows para JavaScript o crear tus propios estilos para la aplicación. Esta parte será desarrollada en CSS.

- ## /Referencias/SDK de biblioteca de Windows para JavaScript

Son un conjunto de controles, utilidades y de estilo que se usan para poder crear aplicaciones y vienen incorporados en la biblioteca de Windows para JavaScript.

- **package.appmanifest**

Este archivo es el manifiesto de la aplicación, el cual realiza una descripción de las funcionalidades, contenido, página de inicio, etc… de la aplicación.

- **/Imágenes**

En esta carpeta es donde están las imágenes de nuestra aplicación por defecto. Por defecto siempre nos incluye la imagen **splashscreen.png** para la pantalla de bienvenida y para la Windows Store tiene la imagen **storelogo.png**.

Empezando con el HelloWorld

Ahora vamos a bajar el nivel un poco más y hablar sobre el proceso de implementación y ejecución de una aplicación de interfaz de estilo de Metro.

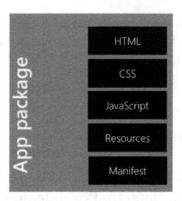

En la figura anterior podemos ver lo que se considera un "paquete" de aplicación en la construcción de una aplicación con interfaz de usuario de estilo Metro con HTML y Javascript.

Aquí tenemos todos los componentes normales de una aplicación web (HTML, CSS, JS -jQuery-), los componentes de recursos que se entregan con el archivo del paquete y un Manifiesto, en el que el dibujo real de la aplicación, sus archivos y nombres etc.

Cada aplicación Metro UI, se ejecuta dentro de un "contenedor" de Windows, que lleva a cabo la representación y mantiene el estado de la aplicación.

Para identificar mejor este contenedor, creamos un **Hello World** con el Visual Studio 2011 Developer Preview que se puede descargar de forma gratuita en:

http://www.microsoft.com/visualstudio/eng/office-dev-tools-for-visual-studio

Abre el Visual Studio para crear el archivo de base -> **Nuevo -> Proyecto**:

En la pestaña izquierda, tiene las plantillas de proyecto de Visual C # y otros lenguajes, para ver las plantillas de HTML y Javascript Metro expanda el elemento y seleccione Otros Lenguajes Javascript.

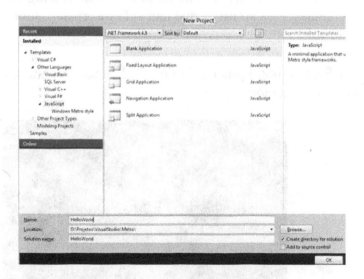

Ponemos en Nombre y en Solution Name: Hello World y haga clic en Aceptar.

Nuestro ejemplo es muy sencillo, sólo tiene que añadir una etiqueta **H1** en el archivo default.html con el título que sea.

```
<DOCTYPE html>
 <html>
<head>
   charset = "utf-8" /> <meta
   <title> Prueba de HelloWorld </ title>
   href="/winjs/css/ui-dark.css" <link /> rel="stylesheet"
   <script src="/winjs/js/base.js"> </ script>
   <script src="/winjs/js/wwaapp.js"> </ script>
   href="/css/default.css" <link /> rel="stylesheet"
    <script src="/js/default.js"> </ script>
</ head>
<body>
   <h1> Hello World </ h1>
</ body>
</ html>
```

Observe que el archivo default.html viene con algunas referencias a los archivos que han sido insertados automáticamente en su solución.

Ahora vamos a pinchar la famosa **F5** para generar y ejecutar nuestra aplicación:

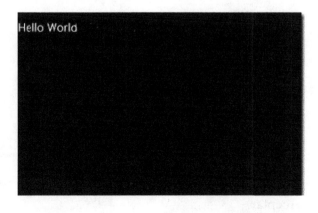

Ahora presiona Ctrl + Shift + Esc para mostrar el administrador de procesos, ya puede ver que su aplicación Hello World ya está apareciendo allí.

Pero si tratamos de ubicar el proceso de solicitud de información de la ficha no lo encontrará. Esto es precisamente por qué las aplicaciones de Metro funcionan dentro de un "contenedor" y llamó a WWAHost para descubrir que se está ejecutando nuestra aplicación (**WWAHost.exe**).

La solicitud de implementación en otros equipos

Para llevar a cabo el despliegue, tenemos que crear un paquete de aplicaciones, Visual Studio nos ayuda en esta tarea.

Simplemente haga clic derecho en el proyecto y luego en **Store** -> **Paquete App Create**.

Seleccione la segunda opción, para desplegar sólo a nivel local.

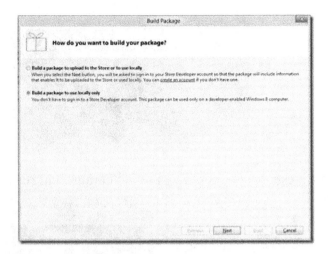

Seleccione la carpeta en la que desea publicar el contenido y luego simplemente pulse siguiente y a construir la aplicación.

Ahora, para instalar la copia de la solicitud de la carpeta que se ha generado para el nuevo equipo, vaya a la subcarpeta y allí encontrará el archivo **Add-AppxDevPackage.exe**, ejecútelo como administrador

Y ya está hecho, como ha podido comprobrar resulta bastante sencillo.

Puse nuestro HelloWorld junto al escritorio.

Introducción con WinJS

Al desarrollar aplicaciones estilo metro para Windows 8 con JavaScript es posible que necesite aprender un poco sobre WinJS y las acciones básicas que ya están disponibles en Windows 8 sobre la integración de jQuery para Windows 8 con aplicaciones JavaScript, pero esto no es necesario, WinJS ofrece mucho de los:

Selectores:

- **document.querySelector (". HeaderTemplate")**
- **document.querySelectorAll ("div")**

Texto

- **document.querySelector ("Título #") textContent.;**

Animación

- **WinJS.UI.Animation.fadeIn (document.querySelector ("div"));**

Estilos de la aplicación

Cuando se abre una nueva aplicación JavaScript metro en Visual Studio 11 se puede elegir entre las siguientes opciones:

- **Aplicación en blanco** - Un proyecto de una sola página para aplicación de Windows estilo de metro que no tiene controles predefinidos ni diseño.

- **Dividir la aplicación** - Un proyecto de dos páginas para la aplicación de Windows estilo metro que navega entre los elementos agrupados. La primera página permite la selección de grupos, mientras que la segunda pantalla una lista de elementos al lado de los detalles del elemento seleccionado.

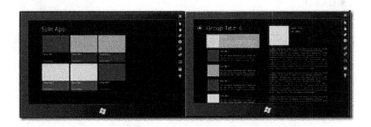

- **Aplicación de Diseño fijo** – Un proyecto de aplicación de Windows estilo metro que escala un diseño de la relación de aspecto fijo.

- **Aplicación de Navegación**- Un proyecto para una aplicación de estilo de metro con ventanas que tiene controles predefinidos para la navegación.

- **Aplicación de Rejilla** - Un proyecto de varias páginas para aplicaciones de Windows estilo metro que navega entre los grupos de artículos. Páginas dedicadas mostrar detalles del grupo y el tema.

Para esta aplicación crearemos una aplicación de Rejilla Nueva.

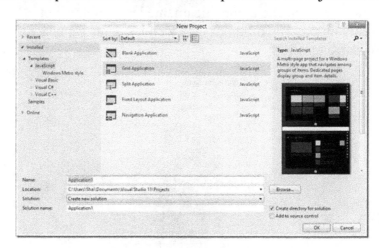

La Estructura del Proyecto

Ahora están todos los archivos necesarios en las referencias en dos archivos principales:

base.js

ui.js

Además de que al crear aplicaciones Grid tendrá tres páginas:

groupDetailsPage

groupedItemsPage

itemDetailsPage

Tenga en cuenta que cada página HTML tienen su propio archivo CSS y JavaScript, no existe una convención de nomenclatura que automáticamente las combine, por ello debe de tener un poco de orden en esta y en las demás aplicaciones que desarrolle.

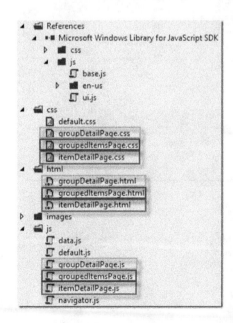

El Flujo de la Aplicación

Todo comienza a partir de **default.html**, esta página carga todos los archivos js necesarios y los archivos CSS y el uso de la **PageControlNavigator** para navegar por la aplicación de **groupedItemsPage**.

<! DOCTYPE html>

<html>

<head>

  <meta charset="utf-8">

  <title> Application1 </ title>

  <- Referencias WinJS ->

  rel="stylesheet"> <link href="http://www.midominio.com/Microsoft.WinJS.0.6/css/ui-dark.css"

  <script src="http://www.midominio.com/Microsoft.WinJS.0.6/js/base.js"> </ script>

  <script src="http://www.midominio.com/Microsoft.WinJS.0.6/js/ui.js"> </ script>

  <- Referencias Application1 ->

  rel="stylesheet"> <link href="http://www.midominio.com/css/default.css"

```
<script src="http://www.midominio.com/js/data.js"> </
script>

<script src="http://www.midominio.com/js/navigator.js"> </
script>

<script src="http://www.midominio.com/js/default.js"> </
script>

</ Head>

<body>

<Div id = "contenthost"

datos-win-control =
"Application1.PageControlNavigator"

datos-ganar-options = "{home: '/ html /
groupedItemsPage.html'}"> </ div>

</ Body>

</ Html>
```

El **groupedItemsPage** carga los archivos JS/CSS.

```
<title> groupedItemsPage </ title>

<- Referencias WinJS ->

rel="stylesheet"> <link
href="http://www.midominio.com/Microsoft.WinJS.0.6/css/ui-
dark.css"

<script
src="http://www.midominio.com/Microsoft.WinJS.0.6/js/base.j
s"> </ script>
```

```
<script
src="http://www.midominio.com/Microsoft.WinJS.0.6/js/ui.js"
> </ script>
```

```
rel="stylesheet"> <link
href="http://www.midominio.com/css/default.css"
```

```
rel="stylesheet"> <link
href="http://www.midominio.com/css/groupedItemsPage.css"
```

```
<script src="http://www.midominio.com/js/data.js"> </
script>
```

```
<script
src="http://www.midominio.com/js/groupedItemsPage.js"> </
script>
```

Este flujo se aplican a cada página que se carga.

Definición de la Página

Ahora registre a **Navigation** el evento **navigated** en
groupedItemsPage.js y escriba esta condición en cada página:

```
if (e.location === "/html/groupedItemsPage.html ')
```

Por cada página que se carga es necesario definir lo que debería
haber ocurrido cuando se desplaza por él, utilizando el método
WinJS.UI.Pages.define puede registrarse cada evento de
página.

use strict:

El Modo estricto es una nueva función en ECMAScript 5 que le permite ubicar un programa o una función, en un contexto de funcionamiento "estricto". Este contexto estricto impide que ciertas acciones sean tomadas y lanza más excepciones.

El modo estricto nos ayuda en lo siguiente:

Coge algunos codigos falsas comunes de codificación, lanzando excepciones.

Se previene, se lanzan excepciones, cuando se toman acciones relativamente inseguras (tales como el acceso a un objeto global).

Se desactivan algunas funciones que son confusas o están mal pensadas.

```
(Function () {

"Use strict";

var = appView
Windows.UI.ViewManagement.ApplicationView;

var = appViewState
Windows.UI.ViewManagement.ApplicationViewState;

var nav = WinJS.Navigation;

var ui = WinJS.UI;

var = utils WinJS.Utilities;


ui.Pages.define ("/html/groupedItemsPage.html", {
```

```
    itemInvoked: function (eventObject) {

        / / clic del usuario

    },

    ready: function (element, options) {

        / / Página Cargada

    },

    UpdateLayout: function (elemento, ViewState) {

        / / Diseño Cambiado

    }

});

}) 0;
```

Otra sintaxis para realizar la definición de página y el uso de métodos globales (ahora cada método o variable se define en **Ready** o en cualquier otro método que sólo sea una parte de esa función y no sea visible para otros) dentro de ese modo estricto es así:

```
(Function () {

    "Use strict";

    var = appView
Windows.UI.ViewManagement.ApplicationView;

    var = appViewState
Windows.UI.ViewManagement.ApplicationViewState;
```

```
var nav = WinJS.Navigation;

var ui = WinJS.UI;

var = utils WinJS.Utilities;


function ready (element, options) {

}


itemInvoked función (eventObject) {

}



UpdateLayout función (element, ViewState) {

}



ui.Pages.define ("/ html / groupedItemsPage.html", {

    itemInvoked: itemInvoked,

    ready: ready,

    UpdateLayout: UpdateLayout

});
}) 0;
```

Los Espacios de nombres y las clases

Ahora podemos definir los espacios de nombre y las clases de una manera muy sencilla, usando **WinJS.Namespace** y **WinJS.Class**, como vemos a continuación.

```
WinJS.Namespace.define ("data", {

    web: WinJS.Class.define ({

        load: loadRoamingData,

        save: saveRoamingData

    }),

    local: WinJS.Class.define ({

        load: loadLocalData,

        save: saveLocalData

    }),

    items: groupedItem

});
```

Ahora, desde cualquier parte de mi código puedo llamarlos de la siguiente manera::

data.web.load () y/o

getting items -> data.items

La API WinJS.UI.ListView

Con WinJS incorpora el control **ListView**, que es capaz de mostrar elementos de datos en una lista personalizada o en una rejilla (grid).

Para definir **ListView** en su página HTML deberá de definir el valor **WinJS.UI.ListView** en el atributo **data-win-control** dentro de un elemento div.

<Div class = "groupeditemslist" aria-label = "Lista de grupos"

data-win-control = "WinJS.UI.ListView"

data-win-options = "{SelectionMode: 'none'}"> </ div>

Para rellenar los datos lo podemos hacer definiendo un evento con **ready** para coger el wincontrol groupeditemslist y usar el espacio de nombres que hemos creado anteriormente como el origen de datos de la lista.

ready: function (element, options) {

var = element.querySelector ListView ("groupeditemslist.") Wincontrol.;

ui.setOptions (ListView, {

itemDataSource: data.items.dataSource

});

},

La Encuadernación y las plantillas

Una vez definida la fuente de datos **listview**, tenemos que definir la visualización de cada elemento.

Los data.items contienen una lista de objetos elemento que tienen título, subtítulo y una imagen de fondo.

En nuestra página **groupedItemsPage**.html definimos otro control WinJS, el control **WinJS.Binding.Template**, dentro de este control tenemos que agregar un atributo adicional para cada elemento hijo llamado **data-win-bind** que definen la ruta del vínculo. Ahora vamos a utilizar estas plantillas para mostrar cada elemento del **listview**.

<Div class = "itemtemplate" data-win-control = "WinJS.Binding.Template">

<Img class = "item-image" src = "#" data-win-bind = "src: BackgroundImage;

alt: title " />

<div class="item-overlay">

<h4 class="item-title" data-win-bind="textContent: title"> </ h4>

<H6 class = "item-subtitle win-type-ellipsis"

data-win-bind = "textContent: subtitle"> </ h6>

</ Div>

</ Div>

Ahora tenemos que configurar la plantilla como un itemTemplate para nuestro listview:

ready: function (element, options) {

```
        var = element.querySelector ListView
("groupeditemslist.") Wincontrol.;

    ui.setOptions (ListView, {

        itemDataSource: data.groups.dataSource,

        ItemTemplate: element.querySelector
("itemtemplate.")

        });

    },
```

Agregar configuración

Windows 8 trae un panel de configuración integrado que le permite añadir sus propios ajustes

Con ello usted podrá añadir funciones para que el usuario pueda cambiar la configuración de la aplicación. Para ello solamente tenemos que definir los ajuste como Page, por ejemplo:

Help Page

About

Dummy 1

etc ...

Para poder continuar, necesitamos crear una aplicación JavaScript nueva, pra ellos veremos con más detalle el archivo default.js y registraremos eventos **onsettings**::

    app.onactivated = function (eventObject) {

    if (eventObject.detail.kind === Windows.ApplicationModel.

                Activation.ActivationKind.launch) {

    WinJS.UI.processAll ();

    app.onsettings = LoadSettings;

    }

  };

He creado una nueva carpeta en mi proyecto llamada "Settings", en el interior he creado dos páginas, Help y About.

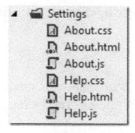

Ahora, tendrá que registrar esas páginas para el evento de aplicación **onsettings**, y asegúrese de usar el control **Flyout** para rellenar el apartado settings.

```
function LoadSettings (e) {

  e.detail.applicationcommands =

  {

    "Help":

      {

        tittle: "Help",

        href: "/ Settings / help.html"

      },

    "About":

      {

        tittle: "About",

        href: "/ Settings / about.html"

      }

  };

    WinJS.UI.SettingsFlyout.populateSettings (e);

}
```

A continuación necesitaremos visualizar nuestro panel de configuración. Para ello podremos hacerlo de dos maneras:

Llamar al Panel de Configuración utilizando **Windows.UI.ApplicationSettings.SettingsPane.show SettingsPane ();**

Acceder a la página específica mediante SettingsFlyout (con id y ruta): **WinJS.UI.SettingsFlyout.showSettings ("Help", "/ Settings / help.html");**

A continuación, veamos el código:

```
    document.querySelector ("# btnShowSettings"). addEventListener

    ("Click", function (e) {

        Windows.UI.ApplicationSettings.SettingsPane.show ();

    });




    document.querySelector ("# btnHelp"). addEventListener ("click", function () {

        WinJS.UI.SettingsFlyout.showSettings ("Help", "/ Settings / help.html");

    });




    document.querySelector ("# btnAbout"). addEventListener ("click", function () {

        WinJS.UI.SettingsFlyout.showSettings ("About", "/ Settings / about.html");

    });
```

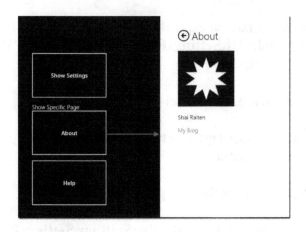

Mensaje de diálogo

Con la API WinRT puede utilizar el **MessageDialog,**
enviando un mensaje emergente al usuario:

**var msg = new Windows.UI.Popups.MessageDialog
("Message Content", "Your Message Title"); msg.showAsync
();**

Cuando enviamos un mensaje a un usuario, siempre esperamos
algún tipo de respuesta por parte del usuario, para ello vamos a
crear dos botones para controlar las respuestas del usuario, para
ello añadiremos un UICommand dentro del objeto MessageDialog.

```javascript
var msg = new Windows.UI.Popups.MessageDialog
("Message Content", "Your Message Title");

// aquí añadimos los botones de retorno

msg.commands.append (new
Windows.UI.Popups.UICommand ("OK",

    function (command) {

        writeMsg ("Has hecho clic en Ok");

    }));

msg.commands.append (new
Windows.UI.Popups.UICommand ("Cancelar",

    function (command) {

        writeMsg ("Has hecho clic en Cancelar");

    }));

msg.showAsync ();
```

También tendremos que configurar algunas opciones para el cuadro de mensaje, para ello crearemos una función que se encargará de la acción del usuario en lugar de escribir la función dentro del botón, como hicimos en el ejemplo anterior.

```javascript
ShowMsg function () {

    var msg = new Windows.UI.Popups.MessageDialog
    ("Message Content",

        "Your Message Title");

    // aquí añadimos los botones de retorno
```

```
msg.commands.append (new
Windows.UI.Popups.UICommand ("OK", ActionHandler, 0));

msg.commands.append (new
Windows.UI.Popups.UICommand ("Cancelar",
ActionHandler, 1));

msg.commands.append (new
Windows.UI.Popups.UICommand ("Ignorar", ActionHandler,
2));

    // Establecemos el comando que se invoca cuando
    el usuario presiona //la tecla ESC

msg.cancelCommandIndex = 1

// Establecemos el comando que se invocará por
defecto

msg.defaultCommandIndex = 1; msg.showAsync ();

} Function ActionHandler (command) {

writeMsg (command.label);

    // Crear acción para cada botón.

switch (command.id) {

    case 0:

        break;

    case 1:

        break;

    case 2:
```

```
        break;

    }

}
```

Cuando ya hemos creado una aplicación sencilla, tenemos que pensar en otros detalles, como cual será su imagen en la pantalla de inicio, o si va a ser una imagen o alguna animación, etc.

Definir página de inicio

Al iniciar la aplicación, lo primero que verá el usuario es lo siguiente:

Hay dos maneras de eliminar esa imagen y poner una propia:

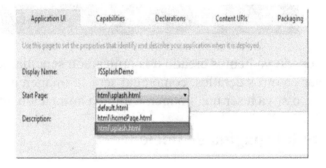

No se puede eliminar la imagen de la pantalla de inicio, es un elemento requerido, pero puede cambiar la imagen que viene por defecto por una imagen propio, como si esa imagen está vacía.

La otra opción es poner el color de fondo con el color blanco, así solamente se verá una imagen en blanco, no se verá el reloj.

Después de eliminar la imagen de fondo por defecto, ahora tenemos que definir nuestra página de inicio, que es Splash.html, y lo haremos de la siguiente manera:

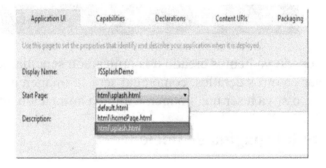

Splash.html

```
<! DOCTYPE html>

<html>

<head>

  <meta charset="utf-8">

  <title> Bienvenido </ title>

  <- Referencias WinJS ->
```

```
        rel="stylesheet"> <link
href="//Microsoft.WinJS.0.6/css/ui-dark.css"

    <script src="//Microsoft.WinJS.0.6/js/base.js"> </ script>

    <script src="//Microsoft.WinJS.0.6/js/ui.js"> </ script>

    rel="stylesheet"> <link href="/css/default.css"

    rel="stylesheet"> <link href="/css/splash.css"

    <script src="/js/splash.js"> </ script>

    <script src="/js/shadebob.js"> </ script>

</ Head>

<Body onload = "resize ()">

    <div id="screen" style="display: none">

      <canvas id="shadebob">

      </ Canvas>

    </ Div>

    <div id="holder">

      Esta es mi pantalla inicial personalizada

      <h1 id="timer">

      </ H1>

    </ Div>

</ Body>
```

</ Html>

Splash.css

Lo primero que queremos es poner nuestra presentación personalizada en el centro de la pantalla, por lo que hemos definido nuestro **div holder** en la posición absoluta, también he centrado el **div timer**.

```
# body

{

    position: absolute;

    top: 0%;

    left: 0%;

    height: 100%;

    width: 100%;

    margen: 0px;

    padding: 0px;

}
# holder
{

    position: absolute;

}
h1
```

```
{

    font-size: 180px;

    font-weight: 600;

}

# timer

{

    text-align: center;

}
```

Splash.js

Debido a que hemos cambiado la página de inicio, ahora tenemos que establecer el archivo **splash.js** para iniciar la aplicación, lo que nos permite enlazar el evento **OnActivated** desde la aplicación.

También podemos observar como el **OnActivated** se lanza para obtener el **eventObject** que tiene por objeto **SplashScreen**.

Desde el objeto splash tomamos el **ImageLocation** para obtener el x,y, que es el ancho y la altura y de la pantalla de inicio original, la razón de hacer esto, es poner nuestro canvas y el display del temporizador en el centro, exactamente donde el splash debería estar.

Después de obtener los valores, establecemos nuestro div holder en la misma posición que la pantalla de inicio original, e iniciamos el temporizador llamando **setInterval** para llamar a la función de **countDown**.

La función countDown reduce en 1 el objeto **waitFor** hasta que se llegue a 0 y luego se redireccionará la página a la página principal.

```
(Function () {

    "Use strict";

    var waitFor = 10;

    var app = WinJS.Application;

    // Esta función responde a todas las activaciones de
la aplicación.

    app.onactivated = function (eventObject) {

        if (eventObject.detail.kind ===
Windows.ApplicationModel.Activation.ActivationKind.launch)
{

            // Recupera el objeto pantalla de inicio

            var splash = eventObject.detail.splashScreen;

            // Recuperar la ventana de coordenadas de la
            imagen de la

            //pantalla de bienvenida.

            var coordenadas = splash.imageLocation;

            // Posicionamos la imagen de fondo de pantalla en el
mismo lugar que la imagen de la pantalla de inicio.

            var = document.querySelector titular ("# holder");
```

```javascript
holder.style.left = coordenadas.x + "px";

holder.style.top = coordenadas.y + "px";

holder.style.height = coordenadas.height + "px";

holder.style.width = coordenadas.width + "px";

countDown ();

setInterval (countDown, 1000);

// Crear un controlador de eventos se ejecutará
cuando la pantalla de inicio sea cerrada o cambiada.

splash.addEventListener ("dismissed",
onSplashScreenDismissed, false);

WinJS.UI.processAll ();

}

};

app.start ();

countDown function () {

waitFor waitFor = - 1;

if (waitFor <= 0) {

location.href = "/ html / homepage.html";

}

else
```

```
    document.querySelector ("timer #") innerHTML =
waitFor.;

    }

    onSplashScreenDismissed function () {

        / / De la pantalla de bienvenida a la primera vista de la
aplicación.

    }

}) 0;
```

WebPlatform, ejemplo de Geolocalización

Ahora veremos un poço mejor como Windows trabaja el
proceso de las aplicaciones Metro y como podemos hacer deploy
entre máquinas para probar las aplicaciones con la versión
Windows 8 Developer Preview.

Web Platform

Ahora vamos a intentar enternder un poco mejor como
Windows procesa las aplicaciones que antes poderían ser
renderizadas en la web a través de un navegador, osea,
aplicaciones desarrolladas con HTML5, CSS y Javascript

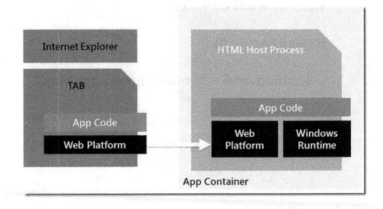

En la imagen de arriba podemos ver la comparación entre la estructura de un navegador como Internet Explorer y el AppContainer que es responsable de la renderización de las aplicaciones Metro desarrolladas en HTML.

El navegador en realidad es una aplicación que se divide en diversas pestañas y cada una de esas pestañas tiene un mecanismo de interpretación de códigos HTML, CSS y Javascript. La gran ventaja del desarrollo de aplicaciones metro con HTML es que ese mecanismo, llamado Web Platform, fue derivado y reaprovechado dentro de un proceso llamado "HTML Host Process".

De esta forma las mismas cosas disponibles en el Internet Explorer, ahora también estarán disponibles dentro de Windows, cosas como:

- HTML5
- CSS
- Cache
- Canvas
- Formularios de Datos
- Web Sockets
- Geolocalización

La primera impresión es que para desarrollar las aplicaciones para Metro, el proceso es casi igual que para desarrollar aplicaciones Web, pero nada más lejos de la realidad, ya no se parece en nada.

En realidad el nuevo modelo hace que el proceso de desarrollar aplicaciones en HTML sea más fácil, principalmente porque el modelo metro sume algunas cosas que cuando programamos para la web tenemos que tener en cuenta.

1. Solo existe un único **DOCTYPE: Html 5.**
2. No hay **Plugins**
3. El desarrollo está basado em una única ventana.
4. Utilización de **WinJS** como biblioteca de códigos JS.

Veámos con ejemplos lo que hemos visto hasta ahora, vamos a hacer una aplicación basada en una demostración de geolocalización de la web:

http://html5demos.com

Para comenzar, vamos a crear un nuevo Proyecto de **Windows Metro Style con Javascript.**

Ahora como primer paso, vamos habilitar de inmediato la geolocalización. Nuestro proyecto tiene un archivo llamado **packaged.appxmanifest**, haga doble clic sobre el archivo y vamos a **Capabilities**.

Allí están relacionados los recursos a los cuales su aplicación necesitará acceso. Para este proyecto vamos a marcar solo las opciones **Location** e **Internet (Client).**

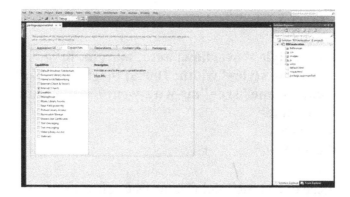

El Ejemplo que vamos a ver a continuación, tendrá acceso a algunos recursos web, tales como, Google Maps y al Google Analytics.

Si intentarmos usar este ejemplo directamente, tendríamos un error de ejecución, que nos diría que no se puede acceder a recursos externos directamente.

Eso es porque nuestra aplicación se está ejecutando en el Windows Runtime. Lo que tenemos que hacer es avisar a nuestra aplicación que ejecute parte de si misma en la Web Platform. Para eso, solamente tendremos que añadir un iframe y en su SRC añadiremos el protocolo ms-wwa-web.

Este protocolo, Microsoft WWA Web, intruye al **AppContainer** a ejecutar la página que será abierta en la Web Platform, habilitando así, la utilización de recursos web externos, como **Scripts** y **CSS**.

```
<!DOCTYPE html>
<html>
<head>
  <meta charset="utf-8" />
  <title>Prueba de Geolocalización</title>
  <link rel="stylesheet" href="/winjs/css/ui-dark.css" />
  <script src="/winjs/js/base.js"></script>
  <script src="/winjs/js/wwaapp.js"></script>
   <link rel="stylesheet" href="/css/default.css" />
```

```
    <script src="/js/default.js"></script>
  </head>
  <body style="overflow: auto; margin: 0;">
    <iframe style="width: 100%; height: 100%;"
id="mapIframe" src="ms-wwa-web:///mapa.html">
    </iframe>
  </body>
  </html>
```

Fíjese que el SRC del IFrame está así: **ms-wwa-web:///mapa.html**

Eso quiere decir que el Windows Runtime irá a busca el archivo mapa.html dentro de nuestra solución y la ejecutará y delegará su ejecución para la Web Platform.

Después de crear el archivo **mapa.html**, copie el siguiente código de la web http://hmtl5demos.com y para que se ejecute correctamente, elimine los Scripts del archivo HTML y colóquelos en el archivo **mapa.js**.

Código fuente de la web **html5demos.com**:

```
<!DOCTYPE html>
<html lang="en">
<head>
<meta charset=utf-8>
<meta name="viewport"
content="width=620">
<title>HTML5 Demo: geolocation</title>
<link rel="stylesheet"
href="css/html5demos.css">
<script
src="js/h5utils.js"></script></head>
<body>
<section id="wrapper">
```

```html
<div id="carbonads-container"><div
class="carbonad"><div
id="azcarbon"></div><script
type="text/javascript">var z =
document.createElement("script");
z.type = "text/javascript"; z.async =
true; z.src =
"http://engine.carbonads.com/z/14060/a
zcarbon_2_1_0_VERT"; var s =
document.getElementsByTagName("script"
)[0]; s.parentNode.insertBefore(z,
s);</script></div></div>
    <header>
        <h1>geolocation</h1>
    </header>
<meta name="viewport"
content="width=620" />

<script type="text/javascript"
src="http://maps.google.com/maps/api/j
s?sensor=false"></script>
    <article>
        <p>Finding your location: <span
id="status">checking...</span></p>
    </article>
<script>
function success(position) {
  var s =
document.querySelector('#status');

  if (s.className == 'success') {
    // not sure why we're hitting this
twice in FF, I think it's to do with a
cached result coming back
```

```javascript
    return;
  }

  s.innerHTML = "found you!";
  s.className = 'success';

  var mapcanvas =
document.createElement('div');
  mapcanvas.id = 'mapcanvas';
  mapcanvas.style.height = '400px';
  mapcanvas.style.width = '560px';


document.querySelector('article').appe
ndChild(mapcanvas);

  var latlng = new
google.maps.LatLng(position.coords.lat
itude, position.coords.longitude);
  var myOptions = {
    zoom: 15,
    center: latlng,
    mapTypeControl: false,
    navigationControlOptions: {style:
google.maps.NavigationControlStyle.SMA
LL},
    mapTypeId:
google.maps.MapTypeId.ROADMAP
  };
  var map = new
google.maps.Map(document.getElementByI
d("mapcanvas"), myOptions);

  var marker = new
```

```
google.maps.Marker({
      position: latlng,
      map: map,
      title:"You are here! (at least
within a "+position.coords.accuracy+"
meter radius)"
  });
}

function error(msg) {
  var s =
document.querySelector('#status');
  s.innerHTML = typeof msg == 'string'
? msg : "failed";
  s.className = 'fail';

  // console.log(arguments);
}

if (navigator.geolocation) {

navigator.geolocation.getCurrentPositi
on(success, error);
} else {
  error('not supported');
}

</script><a id="html5badge"
href="http://www.w3.org/html/logo/">
<img
src="http://www.w3.org/html/logo/badge
/html5-badge-h-connectivity-device-
graphics-multimedia-performance-
semantics-storage.png" width="325"
```

```html
height="64" alt="HTML5 Powered with
Connectivity / Realtime, Device
Access, Graphics, 3D & Effects,
Multimedia, Performance & Integration,
Semantics, and Offline & Storage"
title="HTML5 Powered with Connectivity
/ Realtime, Device Access, Graphics,
3D & Effects, Multimedia, Performance
& Integration, Semantics, and Offline
& Storage">
</a>
    <footer><a href="/">HTML5
demos</a>/<a id="built"
href="http://twitter.com/rem">@rem
built this</a>/<a href="#view-
source">view source</a></footer>
</section>
<a
href="http://github.com/remy/html5demo
s"><img style="position: absolute;
top: 0; left: 0; border: 0;"
src="http://s3.amazonaws.com/github/ri
bbons/forkme_left_darkblue_121621.png"
alt="Fork me on GitHub" /></a>
<script
src="js/prettify.packed.js"></script>
<script>
var gaJsHost = (("https:" ==
document.location.protocol) ?
"https://ssl." : "http://www.");
document.write(unescape("%3Cscript
src='" + gaJsHost + "google-
analytics.com/ga.js'
type='text/javascript'%3E%3C/script%3E
```

```
"));
</script>
<script>
try {
var pageTracker =
_gat._getTracker("UA-1656750-18");
pageTracker._trackPageview();
} catch(err) {}</script>
</body>
</html>
```

Código de **mapa.js**:

```
1: (function () {
2:     'use strict';
3:
4:     document.addEventListener("DOMContentLoaded",
Inicializar, false);
5:
6:     function Inicializar() {
7:         if (navigator.geolocation) {
8:             navigator.geolocation.getCurrentPosition(success,
error);
9:         } else {
10:            error('not supported');
11:        }
12:    }
13:
14:    function success(position) {
15:        var s = document.querySelector('#status');
16:
17:        if (s.className == 'success') {
18:
19:            return;
20:        }
```

```
21:
22:        s.innerHTML = "found you!";
23:        s.className = 'success';
24:
25:        var mapcanvas = document.createElement('div');
26:        mapcanvas.id = 'mapcanvas';
27:        mapcanvas.style.height = '400px';
28:        mapcanvas.style.width = '560px';
29:
30:
document.querySelector('article').appendChild(mapcanvas);
31:
32:        var latlng = new
google.maps.LatLng(position.coords.latitude,
position.coords.longitude);
33:        var myOptions = {
34:            zoom: 15,
35:            center: latlng,
36:            mapTypeControl: false,
37:            navigationControlOptions: { style:
google.maps.NavigationControlStyle.SMALL },
38:            mapTypeId:
google.maps.MapTypeId.ROADMAP
39:        };
40:        var map = new
google.maps.Map(document.getElementById("mapcanvas"),
myOptions);
41:
42:        var marker = new google.maps.Marker({
43:            position: latlng,
44:            map: map,
45:            title: "Usted está Aquí! (at least within a " +
position.coords.accuracy + " meter radius)"
46:        });
47:    }
48:
49:    function error(msg) {
50:        var s = document.querySelector('#status');
```

```
51:        s.innerHTML = typeof msg == 'string' ? msg :
"failed";
52:        s.className = 'fail';
53:
54:        // console.log(arguments);
55:    }
56:
57: })0;
```

Ahora ya tenemos nuestro geolocalizador básico.

Ahora ya puede empezar a desarrollar aplicaciones estilo metro con sus conocimientos en HTML, CSS y Javascript.

Programación asíncrona y almacenamiento App

Promise es una forma de programación asincrónica de JavaScript, evita la ejecución sincrónica en un único subproceso, en lenguajes como JavaScript es necesario para crear aplicaciones que son de alto rendimiento. La librería que tiene Windows de JavaScript proporciona un mecanismo coherente y previsible llamado Promise que simplifica la programación asíncrona.

Un promise implementa un método para el registro de llamadas para notificaciones de cambio de estado, llamas **then**.

En lugar de escribir una sola acción get que fuerce su código para esperar una respuesta.

var resultado = myWebService.get (http://www.contoso.com);

O igual estea pensando es crear más código como este:

myWebService.addEventListener ('complete',

function (result) {/ * varias acciones* /});

myWebService.get (http://www.mipaginaweb.com);

Deberá usar **WinJS promise** de crear acciones asincrónicas utilizando el método **then**.

myWebService.get ("http://www.mipaginaweb.com")

. then (

function (result) {/ * varias acciones* /}

function (error) {/ * manejar errores* /}

function (progress) {/ * informe de progreso* /}

);

Esta aplicación llevará un JavaScript Metro app que descargará imágenes de la web y las guardará en un almacenamiento local y también tendrá una galería que mostrará todas las imágenes de la aplicación almacenadas en local.

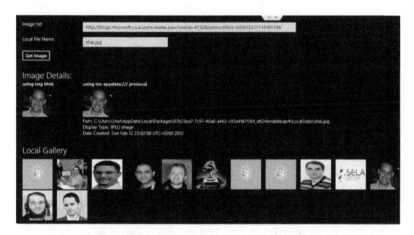

Necesitaremos descargar la imagen de forma asincrónica, a continuación, guardaremos el **stream** que conseguimos de nuestro fichero local.

Para ello, empezaremos por establecer la ubicación de la carpeta. Cada aplicación tiene tres carpetas disponibles bajo **Windows.Storage.ApplicationData.current,** que se usan para guardar los datos del usuario y son:

Local

Temp

Roaming

Ahora, utilizando **WinJS.xhr** entramos en la URL de la imagen y definimos el tipo de respuesta como **Blob**, de nuevo se trata de un método asíncrono y podremos usar **then** para registrar la devolución de llamada que se invoca cuando la solicitud se haya terminado.

Una vez obtenido el resultado de **xhr**, usaremos el objeto carpeta para crear un nuevo archivo con el nombre del usuario que nos de el usuario, después que crear el archivo nuevo, abrimos el archivo para su edición y obtener el **stream**.

Código de flujo:

Obtener la imagen. **(WinJS.xhr = {url: imgUrl, responseType: "blob"}).then**

Después de recibir la imagen, creamos un archivo nuevo. **folder.createFileAsync (nombreimg, ..).then**

Abrimos el archivo para editarlo. **file.openAsync (Windows.Storage.FileAccessMode.readWrite).then**

Copiamos el contenido de la imagen. **copyAsync (blob.msDetachStream (), corriente).then**

Cerramos el stream. **stream.flushAsync ().then**

```
function download (imgUrl, nombreimg) {

return WinJS.xhr ({url: imgUrl, responseType: "blob"}).
Entonces (function (resultado) {

var blob = result.response;

return folder.createFileAsync (nombreimg,
Windows.Storage.CreationCollisionOption.replaceExisting).th
en(function (file) {

// Abrimos el archivo devuelto para copiar los
datos
```

```
    return file.openAsync
(Windows.Storage.FileAccessMode.readWrite).then(function
(stream) {

        return
Windows.Storage.Streams.RandomAccessStream.copyAsync
(blob.msDetachStream (), stream).then(function () {

            // Copiar el stream desde el blob hasta el
stream del fichero

            return stream.flushAsync ().then(function () {

                Stream.Close ();

            });

        });

    });

});

}, Function (e) {

    var msg = new Windows.UI.Popups.MessageDialog
(e.Message);

    msg.showAsync ();

});

}
```

Buscar un archivo local

Después de que la descarga se haya completado, seguramente
querremos localizar el archivo que acabamos de guardar

localmente y devolver el objeto fichero, utilizando el objeto fichero que puede obtener el tipo de fichero, fecha de creación, etc.

Usando **Windows.Storage.ApplicationData.current.local.getFileAsync**, podemos buscar un archivo específico en las carpetas **temp** o **roaming**, si encuentra el fichero en la carpeta local, devuelve el archivo, y en caso de que no encuentre el fichero, nos devolverá un **null**, con la consiguiente respuesta de archivo no encontrado.

```
FileExists function (fileName) {

    return folder.getFileAsync (fileName).then(function (file) {

        return file;

    }, Function (err) {

        return null;

    });

}
```

Añadir el Espacio de nombres imgDownloader

Para llamar a estos métodos desde **Default.js**, tenemos que añadir el espacio de nombres utilizando los siguientes métodos:

```
WinJS.Namespace.define ('imgDownloader', {

    download: download,

    FileExists: FileExists

});
```

Añadir la funcionalidad de la página

Ahora, cuando el usuario escribe el Uri de la imagen y hace clic en la opción "Obtener imagen" llamaremos a la función **getImage**.

```
app.onactivated = function (eventObject) {

if (EventObject.detail.kind ===
Windows.ApplicationModel.Activation.ActivationKind.launch)
{

    / /Inicializamos la aplicación aquí.

    WinJS.UI.processAll ();

    document.querySelector ("# btnDownloadImg").
addEventListener ("click", function () {

        getImage ();

    });

    getImage ();

};
```

Usando **querySelector** tomaremos los valores Uri y nombre de archivo, utilizando el espacio de nombres **imgDownloader** y llamando a la función Download usando los valores suministrados por el usuario. Debido a que la función de descarga tiene un valor de retorno que puede ser usado por el método **then**.

Después de que la operación de descarga se haya completado, llamamos a la función **FileExists** para obtener el objeto de archivo local.

Después de conseguir la imagen, mostraremos dos opciones para la visualización de la imagen:

1. **ms-appdata :**/ / protocolo – ruta de la carpeta local
2. **URL.createObjectURL** - Convertir el archivo en un **blob**, puede optar por crear **blobs** permanentes para que se puedan volver a usar.

```
getImage function () {

var imgUrl = document.querySelector ("# txtUrl") value.;

var fileName = document.querySelector ("txtFileName #")value.;

imgDownloader.download (imgUrl, fileName).then(function () {

imgDownloader.fileExists (fileName).then(function (file) {

. document.querySelector ("# mainImg") src = URL.createObjectURL (archivo, false);

/ / Usar el ms-appdata :/ / protocolo.

document.querySelector ("# mainImg2") src = "ms-appdata :/ / / Local /" + fileName.;

. document.querySelector ("# filePath") textContent = "Path:" + file.path;

. document.querySelector ("# tipoArchivo") textContent = "Tipo de pantalla:" + file.displayType;

. document.querySelector ("# DateCreated") textContent = "Fecha de creación:" + file.dateCreated;

drawGallery ();
```

```
}, Function (err) {

    var msg = new Windows.UI.Popups.MessageDialog
("Imagen no encontrada");

    msg.showAsync ();

  });

});

}
```

Para finalizar, vamos a ver como podemos localizar todos los archivos de mi carpeta local y mostrar todos los archivos de tipo imagen.

Vamos a usar **Windows.Storage.ApplicationData.current.localFolder,** pero ahora vamos a llamar a **getItemsAsync** para obtener todos los archivos, luego recorremos los items u objetos de la carpeta y nos asegurarmos de manejar sólo imágenes, convertir cada archivo a un **blob** utilizando **createObjectURL** y añadimos la imagen a nuestra galería.

```
drawGallery function () {

Windows.Storage.ApplicationData.current.localFolder.getIt
emsAsync (). Entonces (function (items) {

    var div = document.querySelector ("# existingFiles");

    div.textContent = "";

    items.forEach (function (storageItem) {

        if (storageItem.fileType === "png". ||
storageItem.fileType === ". jpg" ||
```

```
        storageItem.fileType === ". jpeg") {

        var imagen = document.createElement ("img");

        image.style.width = "100px"

        image.style.height = "100px"

        image.src = URL.createObjectURL (storageItem);

        image.alt = image.src;

        div.appendChild (image);

    }

}, Function (e) {

    var msg = nuevo Windows.UI.Popups.MessageDialog
(e);

    msg.showAsync ();

});

});

}
```

Programación de Modelo, Listas del Modelo y Vistas de Trabajo.

Este ejemplo es una aplicación muy sencilla con el fin de demostrar los conceptos que en realidad podría utilizar para simplificar una aplicación compleja. Esta pequeña aplicación todo es conceptualmente simple y es probable que no necesite ser dividida en componentes discretos, pero su simplicidad conceptual inherente hace que sea conveniente para explicar cómo son los modelos, las listas de modelo y las vistas de trabajo.

En otras palabras, este ejemplo no pretende ser una recomendación de cómo implementar una aplicación de tareas pendientes, sino que está destinado a ser una demostración de cómo los modelos y puntos de vista se unen para definir la lógica de la aplicación.

HTML

En primer lugar vamos a crear el shell HTML para nuestra aplicación TODO.

```html
<!—este es el contenedor principal y "shell" para la aplicacióntodo-->

<div id="todo-app">

<label class="todo-label" for="new-todo">¿Qué te gustaría hacer hoy?</label>

<input type="text" id="new-todo" class="todo-input"

placeholder="buy milk">


<ul id="todo-list"></ul>

<div id="todo-stats"></div>

</div>
```

También vamos a añadir algunas plantillas HTML invisibles a la página, que se utilizarán para representar los puntos de vista más tarde.

Al poner esta plantilla HTML dentro de un elemento **<script>** con type = **"text/x-template"**, nos aseguramos de que el navegador lo ignorará porque no reconoce el tipo de texto / x-template. A continuación, puede recuperar el contenido del elemento para obtener la cadena de plantilla conveniente.

Esto es generalmente una forma más fácil de mantener la integración de las plantillas que se almacenan en las cadenas de JavaScript, pero no hay ningún requisito para utilizar esta técnica.

```
<!—esta plantilla HTML será usada para renderizar cada item. ->

<script type="text/x-template" id="todo-item-template">

    <div class="todo-view">

        <input type="checkbox" class="todo-checkbox" {checked}>

        <span class="todo-content" tabindex="0">{text}</span>

    </div>


    <div class="todo-edit">

        <input type="text" class="todo-input" value="{text}">
```

```
        </div>

        <a href="#" class="todo-remove" title="Remove this
task">

            <span class="todo-remove-icon"></span>

        </a>

    </script>


    <!—esta plantilla HTML será usada para renderizar las
    estadísticas del botón de la lista todo. -->

    <script type="text/x-template" id="todo-stats-template">

        <span class="todo-count">

            <span class="todo-
remaining">{numRemaining}</span>

            <span class="todo-remaining-
label">{remainingLabel}</span> left.

        </span>


        <a href="#" class="todo-clear">

            Clear <span class="todo-done">{numDone}</span>

            completed <span class="todo-done-
label">{doneLabel}</span>
```

```
    </a>

</script>
```

CSS

A continuación, un poco de CSS para hacer que la lista de tareas se vea bonita.

```css
<style scoped>
#todo-app {

    margin: 1em;

    text-align: center;

}

#todo-list,

#todo-stats {

    margin: 1em auto;

    text-align: left;

    width: 450px;

}


#todo-list {
```

```css
    list-style: none;

    padding: 0;

}


#todo-stats,

.todo-clear { color: #777; }

.todo-clear { float: right; }

.todo-done .todo-content {

    color: #666;

    text-decoration: line-through;

}


.todo-edit,

.editing .todo-view { display: none; }

.editing .todo-edit { display: block; }

.todo-input {

    display: block;

    font-family: Helvetica, sans-serif;

    font-size: 20px;
```

```css
    line-height: normal;

    margin: 5px auto 0;

    padding: 6px;

    width: 420px;

}


.todo-item {

    border-bottom: 1px dotted #cfcfcf;

    font-size: 20px;

    padding: 6px;

    position: relative;

}


.todo-label {

    color: #444;

    font-size: 20px;

    font-weight: bold;

    text-align: center;

}
```

```css
.todo-remaining {

    color: #333;

    font-weight: bold;

}


.todo-remove {

    position: absolute;

    right: 0;

    top: 12px;

}


.todo-remove-icon {

    /*

    Delete icon courtesy of The Noun Project:

    http://thenounproject.com/noun/delete/

    */

    background: url(../assets/app/remove.png) no-repeat;

    display: block;
```

```css
    height: 16px;

    opacity: 0.6;

    visibility: hidden;

    width: 23px;

}


.todo-remove:hover .todo-remove-icon { opacity: 1.0; }


.todo-hover .todo-remove-icon,

.todo-remove:focus .todo-remove-icon { visibility: visible; }


.editing .todo-remove-icon { visibility: hidden; }
</style>
```

JavaScript

Nuestra aplicación **TODO** constará de cinco partes principales:
1. Una clase **TodoModel**, que extiende **Y.Model**. Cada instancia
de esta clase va a representar los datos de un solo elemento del
todo.
2. Una clase **ToDoList**, que extiende **Y.ModelList**. Habrá una
única instancia de esta clase para contener todos los casos
TodoModel en la lista de tareas.
3. Una clase **TodoAppView** que extiende **Y.View** y actúa como un

controlador de vista de toda la aplicación.

4. Una clase **TodoView**, que extiende **Y.View**. Cada instancia de esta clase representará el contenido visual y el control de las interacciones de un solo elemento del **todo**.

5. Una capa de sincronización **localStorage** que será utilizado por las clases **TodoModel** y **ToDoList** para guardar y cargar los elementos de tareas pendientes utilizando **localStorage**.

Todas estas cosas vivirá dentro de la instancia **YUI** siguiente:

<!—Incluimos YUI en la página si no está lista. -->

<script src="http://yui.yahooapis.com/3.10.1/build/yui/yui-min.js"></script>

<script>

YUI().use('event-focus', 'json', 'model', 'model-list', 'view', function (Y) {

var TodoAppView, TodoList, TodoModel, TodoView;

// ... añadir código aquí! ...

});

</script>

TodoModel

La clase **TodoModel** extiende **Y.Model** y se personaliza para usar un proveedor de sincronización **localStorage**, que es la fuente que está en la sección **LocalStorageSync**, y para proporcionar atributos y métodos útiles para los elementos de tareas pendientes.

TodoModel = Y.TodoModel = Y.Base.create('todoModel', Y.Model, [], {

// esto le dice al Modelo que use un proveedor de sincronización //localStorage que crearemos //después, para guardar y cargar la // información sobre los elementos todo

sync: LocalStorageSync('todo'),

// este método cogerá el atributo "done" que será verdadero o   // falso

toggleDone: function () {

this.set('done', !this.get('done')).save();

}

}, {

ATTRS: {

// nos indica si los elementos todo han sido completados o

no

done: {value: false},

// contiene el texto de los elementos todo

text: {value: ''}

```
    }

});
```

TodoList

La clase **ToDoList** extiende **Y.ModelList** y se personaliza para mantener una lista de instancias **TodoModel**, y para proporcionar algunos métodos de conveniencia para obtener información sobre los elementos de tareas pendientes de la lista.

```
TodoList = Y.TodoList = Y.Base.create('todoList',
Y.ModelList, [], {
```

// le decimos a la lista que genere instancias de la clase TodoModel

model: TodoModel,

// esto le dice al Modelo que use un proveedor de sincronización // localStorage que crearemos después, para guardar y cargar la // información sobre los elementos todo

sync: LocalStorageSync('todo'),

// devuelve un array de todos los modelos que están en esta lista

// con el atributo "done" verdadero

```
done: function () {

    return this.filter(function (model) {

        return model.get('done');

    });

},


    // devuelve un array de todos los modelos en esta lista con el

    // atributo "done" falso

    remaining: function () {

        return this.filter(function (model) {

            return !model.get('done');

        });

    }

});
```

TodoAppView

La clase **TodoAppView** extiende **Y.View** y se personaliza para representar el shell principal de la aplicación, incluyendo el nuevo campo de entrada de artículo y la lista de tareas pendientes.

Esta clase también se encarga de la inicialización de una instancia de **ToDoList** y de la creación y representación de una instancia de **TodoView** por cada elemento del **todo** cuando la lista está inicialmente cargada o se restablece.

TodoAppView = Y.TodoAppView = Y.Base.create('todoAppView', Y.View, [], {

// esto es donde adjuntamos los eventos DOM para la vista. Los

// eventos objetos están en un selector mapeando al objeto

// contenido en uno o más eventos adjuntos al nodo de cada

// selector

events: {

// ponemos el Handle <enter> keypresses en todos los campos de // entrada de new-todo

'#new-todo': {keypress: 'createTodo'},

// limpiamos todos los elementos de la lista cuando el enlace

// "Clear" es pulsado

'.todo-clear': {click: 'clearDone'},

// añadimos y eliminamos los estados hover en los elementos

// todo

```
'.todo-item': {

    mouseover: 'hoverOn',

    mouseout : 'hoverOff'

  }

},
```

// Se llevarán a cabo instancias a la plantilla donde la propiedad es // una propiedad de conveniencia para la generación de una
// plantilla para esta vista. En este caso, vamos a utilizar para

// almacenar el contenido del elemento # todo-stats-template, que

// servirá de plantilla para las estadísticas mostradas en la parte

// inferior de la lista.

```
template: Y.one('#todo-stats-template').getHTML(),
```

// el inicializador corre cuando una instancia TodoAppView es

// creada, y nos da la oportunidad de establecer la vista.

```
initializer: function () {

    // Creamos una instancia a new TodoList

    var list = this.todoList = new TodoList();


        // actualizamos el display cuando un nuevo elemento es
        añadido   // a la lista

    // se resetea la lista entera

    list.after('add', this.add, this);

    list.after('reset', this.reset, this);


        // volvemos a renderizar las estadísticas en el footer
        cuando un // elemento es añadido o eliminiado o
        modificado, o cuando se

    // resetea la lista entera

    list.after(['add', 'reset', 'remove',
'todoModel:doneChange'],

            this.render, this);


        // cargamos los elementos guardados en la el
        almacenamiento    //local, si está disponible

    list.load();

},
```

// la función de renderizado es llamada cuando un elemento
todo //es añadido, eliminado o modificado, gracias al
manejador de //eventos que es añadido en el inicializador

```
render: function () {

    var todoList = this.todoList,

        stats    = this.get('container').one('#todo-stats'),

        numRemaining, numDone;



    // si no hay elementos, entonces limpiamos las estadísticas
    if (todoList.isEmpty()) {

        stats.empty();

        return this;

    }



    // desciframos cuantos elementos todo están completados
    y //cuantos finalizados

    numDone     = todoList.done().length;

    numRemaining = todoList.remaining().length;
```

```
// Actualizamos las estadísticas

stats.setHTML(Y.Lang.sub(this.template, {

    numDone      : numDone,

    numRemaining  : numRemaining,

    doneLabel     : numDone === 1 ? 'task' : 'tasks',

    remainingLabel: numRemaining === 1 ? 'task' :
'tasks'

}));


    // si hay elementos sin completar, no mostramos el link
    "Clear //completed items"

if (!numDone) {

    stats.one('.todo-clear').remove();

}


return this;

},


// ------------ Event Handlers (Controlador de Eventos)-----
----------
```

// creamos una nueva instancia a TodoView y renderizamos
//dentro de la lista cuando un elemento todo es añadido a la
lista

add: function (e) {

   var view = new TodoView({model: e.model});

   this.get('container').one('#todo-list').append(

     view.render().get('container')

   );

},

// eliminamos todos los elementos todo finalizados de la lista

clearDone: function (e) {

   var done = this.todoList.done();

   e.preventDefault();

   // eliminamos todos los elementos finalizados de la lista,
   pero lo //hacemos de manera silenciosa para volver a
   renderizar la vista //de la aplicación para cada elemento
   que es eliminiado

   this.todoList.remove(done, {silent: true});

   // destruimos cada instancia TodoModel

   Y.Array.each(done, function (todo) {

// pasamos {remove: true} al modelo todo, método
`destroy()`

// le decimos que se elimine así mismo desde el
//almacenamiento local

todo.destroy({remove: true});

});

// finalmente, volvemos a renderizar la vista aplicación

this.render();

},

// Creamos un nuevo elemento todo cuando presionamos la
tecla //enter en un nuevo campo de entrada de todo

createTodo: function (e) {

var inputNode, value;

if (e.keyCode === 13) { // enter key

inputNode = this.get('inputNode');

value   = Y.Lang.trim(inputNode.get('value'));

if (!value) { return; }

```
        // Le decimos a la lista que cree una nueva intancia de
        //TodoModel especificando texto y automáticamente lo
        //guardamos en el almacenamiento local en un simple
        paso

        this.todoList.create({text: value});


        inputNode.set('value', '');

    }
},



// cerramos las estadísticas de los elementos

hoverOff: function (e) {

    e.currentTarget.removeClass('todo-hover');

},



// encendemos todos los estadísticas sobre los elementos

hoverOn: function (e) {

    e.currentTarget.addClass('todo-hover');

},
```

// creamos y renderizamos las vistas para cada elemento todo en la //lista cuando está entera. Reseteamos la lista

```
reset: function (e) {

    var fragment =
Y.one(Y.config.doc.createDocumentFragment());


    Y.Array.each(e.models, function (model) {

        var view = new TodoView({model: model});

        fragment.append(view.render().get('container'));

    });


    this.get('container').one('#todo-list').setHTML(fragment);

    }
}, {
    ATTRS: {
```

// el nodo contenedor es la envoltura para esta vista. Todas las

//vistas son eventos que será delegados desde el contendor. En

//este caso, el nodo #todo-app todavía existe en la página,

//así que no necesitamos crearlo

```
        container: {
```

```
        valueFn: function () {

            return '#todo-app';

        }

    },



        // esta es un atributo personalizado que usaremos para
        //mantener la referencia al campo de entrada "new todo"

    inputNode: {

        valueFn: function () {

            return Y.one('#new-todo');

        }

    }

  }

});
```

TodoView

La clase **TodoView** extiende **Y.View** y personaliza para representar el contenido de un solo elemento en la lista de tareas pendientes. También controla los eventos de DOM en el artículo para permitir que sea editado y eliminado de la lista.

```
TodoView = Y.TodoView = Y.Base.create('todoView',
Y.View, [], {

    // esta personalización del HTML se usa para este nuevo
    nodo //contenedor de la vista

    containerTemplate: '<li class="todo-item"/>',



    // Delegamos el event DOM para manejar las interaciones de
    la //vista

    events: {

        // ponemos en estado "done" del elemento todo cuando el

        // checkbox es clicado

        '.todo-checkbox': {click: 'toggleDone'},



        // cuando el texto de este elemento todo es clicado o
        tiene el foco, //cambia a modo edición para permitir su
        edición.

        '.todo-content': {

            click: 'edit',

            focus: 'edit'

        },

        // en el campo de edición, cuando presionamos enter o el
        campo //pierde el foco, guardamos los valores actuales y
        apagamos el //modo edición
```

```
'.todo-input'  : {

  blur    : 'save',

  keypress: 'enter'

},
```

// cuando el icono Eliminar es clicado, eliminar este elemento todo

```
'.todo-remove': {click: 'remove'}

},
```

// la plantilla propiedad tiene el contenido del elemento #todo-//item-template, que será usado como la plantilla HTML para //cada elemento

```
template: Y.one('#todo-item-template').getHTML(),
```

```
initializer: function () {
```

// el modelo de propiedad es establecido a la instancia de //TodoModel por TodoAppView cuando se instancia hacia //TodoView

```
var model = this.get('model');
```

// volvemos a renderizar esta vista cuando el modelo cambia, y //destruye esta vista

// cuando el modelo es destruido

```javascript
model.after('change', this.render, this);


model.after('destroy', function () {

    this.destroy({remove: true});

}, this);
},


render: function () {
    var container = this.get('container'),

        model    = this.get('model'),

        done     = model.get('done');


    container.setHTML(Y.Lang.sub(this.template, {

        checked: done ? 'checked' : '',

        text   : model.getAsHTML('text')

    }));
```

```
        container[done ? 'addClass' : 'removeClass']('todo-
done');

        this.set('inputNode', container.one('.todo-input'));


        return this;

    },



    // -------- Event Handlers (Controlador de Eventos)---------
-----------

    // Ponemos este elemento en modo edición

    edit: function () {

        this.get('container').addClass('editing');

        this.get('inputNode').focus();

    },



    // cuando presionamos la tecla enter, el foco va al nuevo
    // campo de //entrada de todo. Esto causa un evento mancha en
    // el actual campo de //edición, que llama a Guardar

    enter: function (e) {

        if (e.keyCode === 13) { // enter key

            Y.one('#new-todo').focus();
```

```
        }
    },


    // eliminanos este elemento de la lista
    remove: function (e) {
        e.preventDefault();


        this.constructor.superclass.remove.call(this);
        this.get('model').destroy({'delete': true});
    },


    // Ponemos este elemento en modo edición y lo guardamos
    save: function () {
        this.get('container').removeClass('editing');

        this.get('model').set('text',
this.get('inputNode').get('value')).save();

    },


    // ponemos en estado `done` en el modelo de elmento
    toggleDone: function () {
```

```
        this.get('model').toggleDone();

    }

});
```

LocalStorageSync

Esta es una función, simple de fábrica, devuelve una función de sincronización () que puede ser utilizado como una capa de sincronización, ya sea para un modelo o una instancia de **modellist**. Los **TodoModel** y **ToDoList** anteriores lo utilizan para guardar y cargar objetos.

```
function LocalStorageSync(key) {

    var localStorage;

    if (!key) {

        Y.error('No storage key specified.');

    }

    if (Y.config.win.localStorage) {

        localStorage = Y.config.win.localStorage;

    }
```

// intentar recuperar datos existentes desde el almacenamiento

//local, si hay algo. Sino, inicializar "data" con un objeto vacío.

```
var data = Y.JSON.parse((localStorage &&
localStorage.getItem(key)) || '{}');
```

// eliminar un modelo con el id específico.

```
function destroy(id) {

    var modelHash;


    if ((modelHash = data[id])) {

        delete data[id];

        save();

    }


    return modelHash;

}
```

// generar un id único para asignarlo al nuevo modelo creado.

```javascript
function generateId() {

    var id = '',

        i = 4;


    while (i--) {

        id += (((1 + Math.random()) * 0x10000) | 0)

            .toString(16).substring(1);

    }


    return id;

}
```

// cargar un modelo con un id específico. Este método es un poco //difícil, desde que controlamos la carga para ambos modelos //individuales y para uno entero

// model list.

// si un id específico, carga un modelo simple. Si el id no es //específico cuando carga un array de todos los modelos. Este //permite la misma sincronización que usa para ambos clases de //TodoModel y Todolist

```javascript
function get(id) {

    return id ? data[id] : Y.Object.values(data);
```

```
}
```

// guardar toda la información de los objetos de datos al
//almacenamiento local.

```
function save() {

    localStorage && localStorage.setItem(key,
Y.JSON.stringify(data));

}
```

// establecemos el atributo id del modelo específico y luego
lo //guardamos en el almacenamiento local.

```
function set(model) {

    var hash      = model.toJSON(),

        idAttribute = model.idAttribute;


    if (!Y.Lang.isValue(hash[idAttribute])) {

        hash[idAttribute] = generateId();

    }


    data[hash[idAttribute]] = hash;

    save();
```

```
        return hash;

    }


    // devuelve una función sync() que puede ser usada para otro
    //modelo o para una instancia del ModelList

return function (action, options, callback) {

    // esto refiere a la instancia de Model o ModelListthis que
    está //sincronizado

// método añadido

    var isModel = Y.Model && this instanceof Y.Model;


    switch (action) {

    case 'create':

    case 'update':

        callback(null, set(this));

        return;


    case 'read':

        callback(null, get(isModel && this.get('id')));
```

```
          return;


      case 'delete':

          callback(null, destroy(isModel && this.get('id')));

          return;

      }

   };

}
```

Initializing the App

Por último, todo lo que tenemos que hacer es crear una instancia de un nuevo **TodoAppView** poner todo en movimiento y llevar nuestra lista de tareas a la existencia.

new TodoAppView();

Código Fuente de Ejemplo Completo

<style scoped>

#todo-app {

   margin: 1em;

   text-align: center;
```
```

```css
}


#todo-list,

#todo-stats {

    margin: 1em auto;

    text-align: left;

    width: 450px;

}


#todo-list {

    list-style: none;

    padding: 0;

}


#todo-stats,

.todo-clear { color: #777; }


.todo-clear { float: right; }
```

```css
.todo-done .todo-content {

    color: #666;

    text-decoration: line-through;

}


.todo-edit,

.editing .todo-view { display: none; }


.editing .todo-edit { display: block; }


.todo-input {

    display: block;

    font-family: Helvetica, sans-serif;

    font-size: 20px;

    line-height: normal;

    margin: 5px auto 0;

    padding: 6px;

    width: 420px;

}
```

```css
.todo-item {

    border-bottom: 1px dotted #cfcfcf;

    font-size: 20px;

    padding: 6px;

    position: relative;

}


.todo-label {

    color: #444;

    font-size: 20px;

    font-weight: bold;

    text-align: center;

}


.todo-remaining {

    color: #333;

    font-weight: bold;

}
```

```css
.todo-remove {

    position: absolute;

    right: 0;

    top: 12px;

}


.todo-remove-icon {

    /*

    Delete icon courtesy of The Noun Project:

    http://thenounproject.com/noun/delete/

    */

    background: url(../assets/app/remove.png) no-repeat;

    display: block;

    height: 16px;

    opacity: 0.6;

    visibility: hidden;

    width: 23px;

}
```

```css
.todo-remove:hover .todo-remove-icon { opacity: 1.0; }

.todo-hover .todo-remove-icon,

.todo-remove:focus .todo-remove-icon { visibility: visible; }

.editing .todo-remove-icon { visibility: hidden; }
</style>
```

```html
<!-- This is the main container and "shell" for the todo app. -->
<div id="todo-app">

    <label class="todo-label" for="new-todo">What do you want
to do today?</label>

    <input type="text" id="new-todo" class="todo-input"

        placeholder="buy milk">


    <ul id="todo-list"></ul>

    <div id="todo-stats"></div>

</div>
```

```html
<!-- This template HTML will be used to render each todo item. -->

<script type="text/x-template" id="todo-item-template">

    <div class="todo-view">

        <input type="checkbox" class="todo-checkbox" {checked}>

            <span class="todo-content" tabindex="0">{text}</span>

    </div>


    <div class="todo-edit">

        <input type="text" class="todo-input" value="{text}">

    </div>


    <a href="#" class="todo-remove" title="Remove this task">

        <span class="todo-remove-icon"></span>

    </a>

</script>


<!-- This template HTML will be used to render the statistics at the bottom

    of the todo list. -->
```

```html
<script type="text/x-template" id="todo-stats-template">

    <span class="todo-count">

        <span class="todo-remaining">{numRemaining}</span>

        <span class="todo-remaining-
label">{remainingLabel}</span> left.

    </span>


    <a href="#" class="todo-clear">

        Clear <span class="todo-done">{numDone}</span>

        completed <span class="todo-done-
label">{doneLabel}</span>

    </a>

</script>


<!-- Include YUI on the page if you haven't already. -->

<script src="http://yui.yahooapis.com/3.10.1/build/yui/yui-
min.js"></script>


<script>

YUI().use('event-focus', 'json', 'model', 'model-list', 'view',
function (Y) {
```

```javascript
var TodoAppView, TodoList, TodoModel, TodoView;


// --------------------------- Modelo -----------------------------
------------


TodoModel = Y.TodoModel = Y.Base.create('todoModel',
Y.Model, [], {


    sync: LocalStorageSync('todo'),


    toggleDone: function () {

        this.set('done', !this.get('done')).save();

    }

}, {

    ATTRS: {

        done: {value: false},


        text: {value: "}
```

```
    }

});




// -------------------------- ModelList ----------------------------
-------------




TodoList = Y.TodoList = Y.Base.create('todoList',
Y.ModelList, [], {

    model: TodoModel,

    sync: LocalStorageSync('todo'),


    done: function () {

    return this.filter(function (model) {

        return model.get('done');

    });

    },


    remaining: function () {
```

```
        return this.filter(function (model) {

            return !model.get('done');

        });

    }

});




// --------------------------- Todo App View ----------------------
--------------


TodoAppView = Y.TodoAppView =
Y.Base.create('todoAppView', Y.View, [], {

    events: {

        '#new-todo': {keypress: 'createTodo'},

        '.todo-clear': {click: 'clearDone'},


        '.todo-item': {

            mouseover: 'hoverOn',

            mouseout : 'hoverOff'

        }
```

```
        },


    template: Y.one('#todo-stats-template').getHTML(),

    initializer: function () {

        var list = this.todoList = new TodoList();


        list.after('add', this.add, this);

        list.after('reset', this.reset, this);



        list.after(['add', 'reset', 'remove', 'todoModel:doneChange'],

                this.render, this);



        list.load();

        },


    render: function () {

        var todoList = this.todoList,

            stats    = this.get('container').one('#todo-stats'),
```

```
        numRemaining, numDone;


    if (todoList.isEmpty()) {

        stats.empty();

        return this;

    }


    numDone      = todoList.done().length;

    numRemaining = todoList.remaining().length;


    stats.setHTML(Y.Lang.sub(this.template, {

        numDone       : numDone,

        numRemaining  : numRemaining,

        doneLabel     : numDone === 1 ? 'task' : 'tasks',

        remainingLabel: numRemaining === 1 ? 'task' : 'tasks'

    }));


    if (!numDone) {

        stats.one('.todo-clear').remove();
```

```
        }

    return this;

    },


// ----------------- Controlador de Eventos ----------------
----------------


    add: function (e) {

        var view = new TodoView({model: e.model});


        this.get('container').one('#todo-list').append(

            view.render().get('container')

        );

    },


    clearDone: function (e) {

        var done = this.todoList.done();


        e.preventDefault();
```

```
        this.todoList.remove(done, {silent: true});

    Y.Array.each(done, function (todo) {

        todo.destroy({remove: true});

    });


this.render();

    },


    createTodo: function (e) {

        var inputNode, value;


        if (e.keyCode === 13) { // enter key

            inputNode = this.get('inputNode');

            value    = Y.Lang.trim(inputNode.get('value'));


            if (!value) { return; }


            this.todoList.create({text: value});
```

```javascript
            inputNode.set('value', '');

        }

    },


    hoverOff: function (e) {

        e.currentTarget.removeClass('todo-hover');

    },


    hoverOn: function (e) {

        e.currentTarget.addClass('todo-hover');

    },


    reset: function (e) {

        var fragment =
Y.one(Y.config.doc.createDocumentFragment());


        Y.Array.each(e.models, function (model) {

            var view = new TodoView({model: model});

            fragment.append(view.render().get('container'));

        });
```

```
            this.get('container').one('#todo-list').setHTML(fragment);

    }

}, {

    ATTRS: {

    container: {

            valueFn: function () {

                return '#todo-app';

            }

        },


        inputNode: {

            valueFn: function () {

                return Y.one('#new-todo');

            }

        }

    }

});
```

```
// --------------------- ElementoTodo view --------------------
----------------

    TodoView = Y.TodoView = Y.Base.create('todoView', Y.View,
[], {

        containerTemplate: '<li class="todo-item"/>',


        events: {

            '.todo-checkbox': {click: 'toggleDone'},


            '.todo-content': {

                click: 'edit',

                focus: 'edit'

            },


            '.todo-input'  : {

                blur   : 'save',

                keypress: 'enter'

            },
```

```
    '.todo-remove': {click: 'remove'}
},


template: Y.one('#todo-item-template').getHTML(),


initializer: function () {
    var model = this.get('model');


    model.after('change', this.render, this);


    model.after('destroy', function () {
        this.destroy({remove: true});
    }, this);
},


render: function () {
    var container = this.get('container'),
```

```
        model    = this.get('model'),

        done     = model.get('done');


    container.setHTML(Y.Lang.sub(this.template, {

        checked: done ? 'checked' : '',

        text   : model.getAsHTML('text')

    }));


    container[done ? 'addClass' : 'removeClass']('todo-done');
    this.set('inputNode', container.one('.todo-input'));


    return this;
},


// ------------------Controlador de Eventos------------
----------------------


edit: function () {

    this.get('container').addClass('editing');
    this.get('inputNode').focus();
```

```
        },


    enter: function (e) {

        if (e.keyCode === 13) { // enter key

            Y.one('#new-todo').focus();

        }

    },


    remove: function (e) {

        e.preventDefault();


        this.constructor.superclass.remove.call(this);

        this.get('model').destroy({'delete': true});

    },

    save: function () {

        this.get('container').removeClass('editing');

        this.get('model').set('text',
this.get('inputNode').get('value')).save();

    },

    toggleDone: function () {
```

```
        this.get('model').toggleDone();

    }

});
```

// -- Implementación Sincronización Almacenamiento Local------------

```
function LocalStorageSync(key) {

    var localStorage;

    if (!key) {

        Y.error('No storage key specified.');

    }

    if (Y.config.win.localStorage) {

        localStorage = Y.config.win.localStorage;

    }

    var data = Y.JSON.parse((localStorage &&
localStorage.getItem(key)) || '{}');
```

```javascript
function destroy(id) {

    var modelHash;


    if ((modelHash = data[id])) {

        delete data[id];

        save();

    }


    return modelHash;

}

function generateId() {

    var id = '',

        i = 4;


    while (i--) {

        id += (((1 + Math.random()) * 0x10000) | 0)

            .toString(16).substring(1);

    }
```

```
        return id;

    }

    function get(id) {

        return id ? data[id] : Y.Object.values(data);

    }

    function save() {

        localStorage && localStorage.setItem(key,
Y.JSON.stringify(data));

    }

    function set(model) {

        var hash      = model.toJSON(),

            idAttribute = model.idAttribute;


        if (!Y.Lang.isValue(hash[idAttribute])) {

            hash[idAttribute] = generateId();

        }


        data[hash[idAttribute]] = hash;

        save();
```

```javascript
        return hash;

    }

    return function (action, options, callback) {

        var isModel = Y.Model && this instanceof Y.Model;


        switch (action) {

        case 'create': // intentional fallthru

        case 'update':

            callback(null, set(this));

            return;


        case 'read':

            callback(null, get(isModel && this.get('id')));

            return;


        case 'delete':

            callback(null, destroy(isModel && this.get('id')));

            return;

        }
```

```
        };

    }



// ---------------------- Inicia Tu Aplicación----------------
---------


new TodoAppView();



});
</script>
```

Opinión del Autor

La programación en el estilo Metro, al igual que la aparición de la Windows Store, van a generar en un gran impacto en mundo del desarrollo de software de igual manera que ocurrió con la llegada del iPhone, e incluso mucho mayor, ya que Microsoft Windows sigue siendo el sistema operativo más utilizado en todo el mundo en la actualidad, con lo que posiblemente, el consumo de aplicaciones de estilo Metro en un par de años será muy superior al consumo de aplicaciones de la AppStore de Apple.

Para mayor facilidad para los desarrolladores, Microsoft ha asimilado los lenguajes de programación ya existentes, con lo que los programadores no tendrán que aprender ningún lenguaje nuevo para poder desarrollar aplicaciones para el nuevo Windows 8, sino que tendrá que amoldar sus conocimientos a la nueva estructura de programación, que con Visual Studio, se realiza de una manera muy sencilla, y tendrá que aprender las nuevas funciones y APIs que nos aporta el nuevo Runtime, que amplifica enormente las posibilidades y el control de nuestras aplicaciones.

En este libro se ha pretendido que lector pudiera ver un breve repaso a las novedades del nuevo estilo Metro, sin la necesidad de profundizar mucho en ningún tema específico, ya que podríamos escribir libros enteros dedicado a ellos, tales como el ciclo de vida, los conceptos básico, la API WinRT, etc…y al mismo tiempo, he querido mostrar ejemplos de código, para que el programador le quite el miedo a empezar a programar para Windows 8, ya que practicando y consultando las diferentes guias de referencia de Microsoft, es como realmente se le sacará todo el provecho al estilo Metro.

Espero que haya disfrutado leyendo y practicando con este libro, que le sirva para publicar sus primeras aplicaciones en la Windows Store.

Bibliografía

Para realizar este libro, he leído, consultado y contrastado la información con las siguientes fuentes que cito a continuación:

La principal fuente de información han sido las guias de referencia de Microsof Windows, pero a mayores también he reforzado los conocimientos sobre el Estilo Metro con las siguientes fuentes:

Libros

Building Windows 8 Metro Style Apps with HTML5 & JavaScript, de Jaime Rodriguez

Programming Metro Style Applications with C#, de Matthew Baxter-Reynolds

Artículos

Getting started with Metro apps, *de www.codeproject.com, creado por Shai Raiten.*

Windows Phone 7, de *Industrial Designers Society of America*

Metro UI Design Principles, *de Stephane Massey*

Windows 8 on the desktop, *de Peter Bright de Condé Nast Digital*

Páginas Web

http://www.wikipedia.org

http://www.microsoft.com

http://www.codeproject.com

http://html5demos.com

http://yuilibrary.com

Autor: Aarón Rojo Bedford

www.ingramcontent.com/pod-product-compliance
Lightning Source LLC
Chambersburg PA
CBHW071209050326
40689CB00011B/2286